JE déclare que je pourſuivrai devant les Tribunaux tout Entrepreneur de Spectacle, qui, au mépris de la propriété & des Lois exiſtantes, ſe permettra de faire repréſenter cette Tragédie ſans mon conſentement formel & par écrit.

MARIE-JOSEPH CHÉNIER.

A Paris, ce 3 Mars 1793, l'an II de la République.

D'APRÈS le traité fait entre nous, Marie-Joſeph Chénier, Auteur de la Tragédie de Calas, & Nicolas-Léger Moutard, Libraire-Imprimeur à Paris, nous déclarons que cet Ouvrage eſt notre propriété commune, conformément aux clauſes dont nous ſommes convenus. Nous la plaçons ſous la ſauve-garde des Lois & de la probité des Citoyens, & nous pourſuivrons devant les Tribunaux tout Contrefacteur & tout Diſtributeur d'éditions contrefaites.

A Paris, ce 3 Mars 1793, l'an II de la République Françaiſe.

Député à la Convention Nationale, par le Département de Seine & Oiſe.

On trouve chez le même Libraire, Fénelon, Caïus Gracchus, Henri VIII, Tragédies du même Auteur. Prix, 1 liv. 10 ſols, & 1 liv. 5 ſols.

JEAN CALAS,

TRAGÉDIE EN CINQ ACTES,

Par M. Marie-Joseph Chénier, Député à la Convention Nationale ;

Représentée pour la première fois à Paris, sur le Théâtre de la République, le 6 Juillet 1791.

Prix, 1 livre 10 sols.

A PARIS,

Chez Moutard, Libraire-Imprimeur, rue des Mathurins, Section de Beaurepaire, N°. 334.

1793.

LETTRE
DE M. PALISSOT,
SUR LA TRAGÉDIE DE CALAS.

L'HONNEUR d'avoir tenté le premier ce sujet difficile, appartient incontestablement à l'Auteur; il est vrai qu'il avait eu l'imprudence de se confier à des Comédiens, & vous n'ignorez plus, Messieurs, qu'il s'est trouvé dans la classe obscure des Gens de Lettres, des hommes assez peu délicats pour chercher à lui en dérober la fleur. L'Auteur fut moins affecté de ce procédé mal-honnête, que du chagrin de voir son sujet indignement profané. Non seulement il le fut, en mauvais vers, au Théâtre du Fauxbourg Saint-Germain, mais encore au Théâtre de la rue de Richelieu, en mauvaise prose: tellement que celui qui en avait conçu la première idée, & dont le travail était presque fini long-temps

---

(1) Cette Lettre avait été adressée aux Rédacteurs de la Chronique, & devait paraître dans le cours des représentations de la Pièce: mais les objets de politique ne permettaient point alors de donner tant de place à des discussions littéraires.

avant que ces Messieurs n'eussent barbouillé leurs canevas, semblait avoir été devancé par eux, & se traîner à leur suite sur un sujet épuisé.

Le Public, à la vérité, sentit bien la différence du pinceau. Vous l'avez attesté vous-mêmes, Messieurs, aucune Pièce de l'Auteur ne fut plus généralement applaudie ; mais elle eut moins de succès d'affluence, précisément parce que le sujet, prodigué, sans intervalle, à deux Théâtres, commençait à inspirer une espèce de satiété. Mais si l'on peut affaiblir pour un temps l'impression d'un Ouvrage de génie, l'effet en est indestructible : ainsi l'on a vu la Phèdre de Racine se relever plus brillante de l'outrage d'une indigne concurrence ; & cette injure renouvelée avec tant d'audace, & par des Ecrivains si inférieurs à Pradon, devient un motif de plus pour moi de rendre à l'Auteur la justice qui lui est due.

J'ose le dire, avec ce sentiment qui m'a toujours animé pour la gloire des Arts, je ne connais point d'Ouvrages qui présentât plus de difficultés à vaincre, & qui pût donner une idée plus haute du talent capable de les surmonter.

SUR LA TRAGÉDIE DE CALAS.

Avoir foutenu le fardeau des cinq actes, en commençant cette Tragédie précifément où elle devait commencer, le jour même du jugement de Calas; avoir ofé mettre en action, ce qui jufqu'alors était fans exemple, un interrogatoire juridique, & en avoir fait une des plus intéreffantes Scènes de la Pièce; avoir franchi une difficulté, peut-être encore plus grande, en faifant un honnête homme du Juge qui a le malheur de condamner l'innocence (& prenez garde, Meffieurs, que fans cette difficulté furmontée, l'Ouvrage n'avait plus de but moral, & ne pouvait plus s'appeler l'*École des Juges*), c'était affurément avoir remporté le prix de fon Art. Mais fi vous ajoutez à ce prodigieux mérite celui que fuppofe l'invention du perfonnage de la Salle, l'un des plus beaux modèles de vertu qui ait jamais été mis au Théâtre, quel rang affignerez-vous à l'Auteur, qui, en moins de deux années, des fuccès de Charles IX & d'Henri VIII, s'était élevé à cette nouvelle gloire? Quelle fublime leçon de morale que cette Pièce! Et, depuis les chef-d'œuvres de notre Scène, fur quel Théâtre avions-nous entendu une pareille fuite, non interrompue, de beaux vers? Où ce jeune Auteur, à qui l'on difputait la fenfibilité, a-t-il puifé cette foule

LETTRE

de sentimens, exquis, délicieux, sublimes, sans aucune ostentation, & uniquement par leur extrême vérité? De quelles richesses il a su semer un sujet en apparence si stérile, & dont l'action n'égale, pour ainsi dire, que la durée de la représentation ! Quel tableau que celui des cruautés de Baville en Languedoc, & des funestes effets de la révocation de l'Edit de Nantes ! Quelle savante opposition que celle des deux portraits de Louis XIV ! Enfin quel magnifique éloge de Voltaire, & qu'il se trouve heureusement placé dans une des plus glorieuses époques de sa vie !

Oh ! je sens que je n'écouterais jamais avec patience l'homme injuste qui se permettrait des propos légers, non sur le talent, mais sur le caractère moral du jeune Poëte qui a su rendre la vertu si respectable, & qui a trouvé dans son cœur cette abondance de sentimens puisés dans la plus belle nature.

Cependant, il faut l'avouer, ce n'est pas à lui seul que nous devons tout le plaisir que nous a fait son Ouvrage. Il a été secondé par le talent le plus digne du sien. Quiconque n'a pas vu Monvel dans le personnage de Calas, ne connaît qu'imparfaitement le talent supérieur de cet Acteur célèbre. Je me plais d'autant plus à lui rendre cette justice, que j'avais eu le malheur de me laisser prévenir contre lui. On m'avait dit (peut-être avec plus de perfidie que de vérité), mais enfin j'avais eu la faiblesse de croire qu'il avait cherché à nuire au succès d'un de mes Ouvrages. Je déclare que j'ignore & que je veux ignorer si réellement il a eu ce léger tort envers moi : mais je ne m'en accuse pas moins d'injustice à son égard, & je la répare autant qu'il est en moi, par l'aveu que j'en fais. Si le Public m'a fait l'honneur d'adopter quelquefois mes jugemens, je crois me donner de nouveaux droits à sa confiance, en lui prouvant qu'une rétractation n'est qu'un plaisir pour moi, quand je reconnais que des préventions ont pu m'égarer. Oui, Monvel, j'aime à vous témoigner publiquement l'estime que je fais de vos talens, & à vous dire que vous serez toujours compté parmi les plus grands Maîtres de votre Art. Je vous ai admiré sur l'une & l'autre Scène ; mais vous ne m'avez jamais paru plus sublime que dans ce personnage de Calas, infiniment plus intéressant, à mon gré, que celui de Socrate.

Qu'il me soit permis de revenir encore un moment à l'Ouvrage que vous avez si bien fait valoir. Par quelle heureuse magie un sujet qui pouvait ne sembler que sombre & atroce, a-t-il pu devenir si touchant ? Comment l'Auteur est-il venu à bout de réaliser son propre vers :

Qu'il soit attendrissant, qu'il ne soit point horrible !

C'est sans doute par le caractère de constance & de dignité qu'il a su donner au personnage de son héros. C'est lui, c'est la victime elle-même qui console, pendant toute la Pièce, tous les infortunés qui prennent part à son malheur ; c'est lui qui, dans la situation la plus terrible, entouré de sa femme & de ses enfans, étend encore sa sensibilité sur une Servante qui pleure, & dont le rôle a été parfaitement bien rempli. Enfin c'est le sommeil de Calas dans sa prison, ce sommeil tranquille de l'innocence opprimée, mais soumise aux ordres de la Providence, qui a produit une Scène d'une beauté si neuve & si touchante, une Scène qui adoucit la terreur ; & le Public, au lieu d'un spectacle atroce, ne voit plus, dans cette paix du Juste, qu'un spectacle digne des regards de Dieu même. Eh! quoi de plus beau, de plus grand, de plus auguste, dit Sénèque, que l'ame d'un Juste luttant, avec sa seule vertu, contre tous les orages de l'adversité!

PERSONNAGES.

JEAN CALAS.   Monvel.
MADAME CALAS.   Vestris.
PIERRE CALAS, } fils de Jean Calas.   Chatillon.
LOUIS CALAS, }   Saint-Clair.
L'AMI.   Quesnel.
LA SERVANTE.   Germain.
CLÉRAC, } Juges.   Valois.
LA SALLE, }   Talma.
LE RELIGIEUX.   Monville.
LE GEOLIER.   Chevalier.
LE PEUPLE.
JUGES.
UN GREFFIER. } Personnages muets.

La Scène est dans la ville de Toulouse.

JEAN

JEAN CALAS,
TRAGÉDIE.

ACTE PREMIER.

Le Théâtre représente une place publique.

SCÈNE PREMIÈRE.
CLÉRAC, LA SALLE.

LA SALLE.

Laissez-moi.

CLÉRAC.

Vous fuyez.

LA SALLE.

Je fuis des criminels.

CLÉRAC.

Où sont-ils ?

JEAN CALAS,

LA SALLE.

Dans le Temple, au pied des saints Autels.

CLÉRAC.

Que dites-vous?

LA SALLE.

Qu'un Peuple affamé de carnage,
Veut rendre un Dieu clément complice de sa rage.

CLÉRAC.

Je reconnais en vous le soutien des Calas.

LA SALLE.

Oui, je les soutiendrai; je ne m'en défends pas.

CLÉRAC.

Ce grand zèle du moins ne peut-il se contraindre?

LA SALLE.

Ils sont infortunés; nous devons tous les plaindre.

CLÉRAC.

Il est vrai.

LA SALLE.

Nous sur-tout qui devons les juger.
Je les crois innocens; & je ne puis songer
Qu'un frère en sa fureur ait égorgé son frère,
Ou qu'un fils ait péri sous la main de son père.

TRAGÉDIE.

Clérac.

Vous, qui me soupçonnez de quelqu'aveuglement,
Vous, qui, d'un patricide étonné justement,
Le jugez impossible, & refusez d'y croire,
Faut-il de vos discours rappeler la mémoire ?
Cent fois je vous ai vu, les yeux baignés de pleurs,
Des superstitions raconter les fureurs.
Je n'ai point, comme vous, goûté dès ma jeunesse,
Les principes hardis d'une altière sagesse :
Dans ma Religion rien n'est douteux pour moi ;
Et ma raison fléchit sous le joug de la foi.
Mais je puis concevoir qu'un zèle fanatique
Arme contre son fils la main d'un hérétique.
Je sais qu'en votre cœur Dieu seul est adoré,
Que Dieu seul à vos yeux est un objet sacré.
» En tous lieux, disiez-vous, nos malheureux ancêtres
» Ont toujours épousé les passions des Prêtres ;
» Et toujours ajoutant au culte de l'Autel,
» Les humains ont gâté l'œuvre de l'Éternel. «
Quoi, Monsieur, ce fléau si grand, si redoutable,
Quoi, des Religions ce mal inévitable,
Au culte Protestant serait-il étranger,
Ou l'esprit d'une Secte aurait-il pu changer ?

La Salle.

Non, non ; le fanatisme enfante tous les crimes ;
Sans égard & sans choix, il frappe ses victimes ;
Du sang, de la nature il fait taire la voix :
Mais pénétrant aussi dans le Temple des Loix,

Souvent, Monsieur, souvent sa terrible puissance
Aux mains des Magistrats fait pencher la balance.

CLÉRAC.

Terminons un discours qui pourrait nous aigrir.

LA SALLE.

Oui; parmi vos pareils hâtez-vous de courir.
Au sein de nos remparts de zélés Catholiques,
Jadis ont immolé des milliers d'hérétiques :
Une fête annuelle est l'affreux monument
Qui retrace à nos yeux ce grand évènement;
De ces meurtres sacrés c'est le jour séculaire.

CLÉRAC.

J'ai quitté de Bruno le cloître solitaire ;
A mes Concitoyens je viens me réunir,
Et célébrer, comme eux, ce sanglant souvenir.

LA SALLE.

Eh bien, jouissez donc de cette horrible image :
Par d'homicides vœux célébrez le carnage ;
Joignez-vous au vulgaire, & rendez grace aux Cieux
Des forfaits qu'autrefois ont commis vos aïeux.

CLÉRAC.

Modérez ces transports.

LA SALLE.

     Déplorables contrées,
Aux superstitions si constamment livrées,

TRAGÉDIE.

Hélas ! de vos revers quand finira le cours !
Le terme en est-il proche ? Ou verrai-je toujours
Des Citoyens, poussés par un zèle bizarre,
Excusable pourtant quand il n'est point barbare,
Porter publiquement, en signe de douleur,
Des vêtemens hideux sous diverse couleur ?
Vous, Juge, initié dans ces sombres mystères,
Osez-vous approuver la fureur de vos frères ?
Pourquoi donc ces devoirs, ces honneurs solennels,
Qu'obtient le suicide au pied de vos autels ?
Pourquoi ces chants cruels, ces accens funéraires,
Qui sont des cris de rage & non pas des prières ?
Pourquoi de ce cercueil le spectacle effrayant,
Et d'Antoine Calas le squelette sanglant ?
Il saisit d'une main la palme du martire ;
Et, les doigts étendus, l'autre main semble écrire.
Il devait, nous dit-on, sous les regards de Dieu,
D'un culte plein d'erreur signer le désaveu ;
Fais au moins, Dieu puissant, que sa main sanguinaire
Ne signe point la mort de son malheureux père !

CLÉRAC.

Si l'on eut de l'État consulté les besoins,
Vos yeux de ces objets ne seraient pas témoins.
Toujours les Protestans ont divisé l'Empire :
Par de sévères lois il fallait les détruire.

LA SALLE.

Ami de la justice, est-ce vous que j'entends ?

JEAN CALAS,

CLÉRAC.

Est-ce vous qui seriez l'appui des Protestans ?
Ne les voyez-vous pas qui, depuis leur naissance,
Même par des combats ont grossi leur puissance ?
Vaincus par Médicis, quelquefois triomphans,
Ils ébranlaient le sceptre aux mains de ses enfans :
Henri Quatre & son fils reçurent en partage
De ces dissentions le sanglant héritage :
Ami d'un seul pouvoir, le profond Richelieu
Défendit la querelle & du Trône & de Dieu :
Il mourut ; mais bientôt ce siècle vit paraître
Un Roi qui sut parler, qui sut agir en maître,
Et qui, pour maintenir sa juste autorité,
Employa la constance & la sévérité.
Ce Monarque imposant jusques dans ses faiblesses,
Gouverné par la gloire, & non par ses Maîtresses,
Voulant de son Royaume augmenter la splendeur,
Sous la Religion fit fléchir sa grandeur :
Il connut les rigueurs de sa morale austère ;
Et de là vint, Monsieur, cet Édit salutaire
Qui livrait l'hérésie au glaive de la loi :
Que n'a-t-on conservé l'esprit de ce grand Roi !

LA SALLE.

Ainsi vous exaltez les crimes de vos Princes !
Oubliez-vous le sort de ces tristes Provinces ?
Pontifes, Magistrats dressant des échafauds,
Nos pères convertis à la voix des Bourreaux,

Abandonnant leurs biens, errant de ville en ville,
Massacrés dans nos murs, sous les yeux d'un Bâville,
Dans la nuit des cachots entassés par Louvois,
Quelques-uns, en troupeaux fuyans au fond des bois,
Poursuivis dans le creux des vallons solitaires,
Au bruit du plomb mortel, chassés de leurs repaires,
Tels que ces animaux, que l'Homme, en son loisir,
Egorge de sang froid, par un affreux plaisir.
Oubliez-vous enfin notre Septimanie,
Jouet du fanatisme & de la tyrannie,
Déplorant les trésors de ses champs dévastés,
Et le deuil éternel de ses riches Cités,
Ses beaux Arts transplantés sur la rive étrangère,
Et ses nombreux enfans arrachés à leur mère.
Louis, cet ennemi de toute liberté,
Plus flatté que chéri, plus craint que respecté,
Imprimant à l'Europe une terreur profonde,
Obtint le nom de Grand par le malheur du monde.
Entouré soixante ans, & de pompe & d'ennui,
Il crut que les humains n'étaient faits que pour lui.
La France qu'appauvrit son luxe despotique,
Le vit fouler aux pieds la majesté publique,
Des impôts accablans appesantir le faix,
Et nourrir son orgueil du sang de ses sujets.
Il ne peut être absous par quarante ans de gloire :
La misère du Peuple a flétri sa mémoire :
Son règne avait causé de publiques douleurs ;
Mais le jour de sa mort n'a point coûté de pleurs.

A iv

SCÈNE II.

CLÉRAC, LA SALLE, LOUIS CALAS, LE RELIGIEUX.

Louis Calas.

O Ministres des lois, soutiens de la justice,
Vous ne souffrirez point qu'un innocent périsse.
Mille objets effrayans sont encor sous mes yeux,
Ces Pénitens, ce deuil, ces Prêtres furieux,
Et ce fantôme affreux, restes d'un suicide
Qu'une sanglante erreur condamne au parricide,
Au premier des Martyrs le temple consacré,
Est-il donc aux bourreaux impunément livré ?
Ah, mon père est proscrit, son supplice s'apprête ;
Le Peuple me poursuit, en demandant sa tête :
Je viens auprès de vous, je me jette en vos bras.

CLÉRAC.

Quoi, c'est un des enfans...

LE RELIGIEUX.

Du malheureux Calas.

CLÉRAC.

Et que veut-il de moi? Son fils! un hérétique!

TRAGÉDIE.

LE RELIGIEUX.

Presque dès son enfance il devint Catholique.

CLÉRAC.

Lui !

LE RELIGIEUX.

Grace à l'Eternel qui s'est servi de moi,
Ses yeux sont éclairés du flambeau de la foi.

LOUIS CALAS.

Et du plus grand forfait on accuse mon père !
Si d'un tel changement il eût puni mon frère,
Si dans le sang d'un fils son bras s'était baigné,
J'étais plus criminel ; m'aurait-il épargné ?
Maintenant donc jugez, amis de l'innocence,
Amis de la raison, prononcez la sentence.

CLÉRAC.

Vos discours & les pleurs que je vous vois verser,
Jeune homme, à votre sort tout doit m'intéresser :
Mais enfin je suis Juge, & ne puis vous entendre ;
L'arrêt viendra trop tôt : c'est à vous de l'attendre.

Il sort.

SCÈNE III.

LA SALLE, LOUIS CALAS, LE RELIGIEUX.

Louis Calas.

Au Religieux.

Sortons d'ici.

La Salle.

Pourquoi craignez-vous de rester ?
Comme lui je suis Juge & veux vous écouter.

Louis Calas.

Vous ne m'opposez pas un visage sévère !
Vous êtes jeune encore, & vous avez un père.

La Salle.

Non, j'ai perdu le mien, mais il m'en reste un en vous
Qu'il forma vertueux & sensible au malheur.

Le Religieux.

Je vois courir vers nous ce Peuple qu'on égare.

La Salle.

Et c'est la loi d'un Dieu qui rend l'homme barbare !

TRAGÉDIE.

SCÈNE IV.
LA SALLE, LOUIS CALAS, LE RELIGIEUX, LE PEUPLE.

LE PEUPLE.

Oui, le voilà, c'est lui, c'est un fils de Calas.

LA SALLE.

Citoyens, écoutez.

LE PEUPLE.

Ne le protégez pas.

LA SALLE.

Qu'a-t-il donc fait ?

LE PEUPLE.

Le Ciel demande un grand exemple.

LA SALLE.

Mais enfin qu'a-t-il fait ?

LE PEUPLE.

Il est sorti du Temple.

LA SALLE.

Eh bien ?

JEAN CALAS,

LE PEUPLE.

Nous l'avons vu, cachant mal sa fureur,
Sortir, en détournant les yeux avec horreur.
Il a trempé, sans doute, au meurtre de son frère :
Il est temps d'immoler les enfans & le père.

LE RELIGIEUX.

Il faut donc, Citoyens, nous immoler tous trois.

LA SALLE.

Ministre des Autels & Ministre des lois,
Jusqu'au dernier soupir nous prendrons sa défense.

LOUIS CALAS.

Laissez-leur terminer mon horrible existence.

LE RELIGIEUX.

Cet homme est innocent : ne le voyez-vous pas ?

LE PEUPLE.

Peut-il être innocent ? lui ? le fils de Calas ?

LA SALLE.

S'il faut, pour vous fléchir, parler en fanatique,
Cet homme est innocent, puisqu'il est Catholique.

LE PEUPLE.

Il doit donc abhorrer des parens criminels.

LA SALLE.

Tous les cœurs ne sont pas injustes & cruels.

TRAGÉDIE.
LE PEUPLE.
Ses parens ont du Ciel mérité la colère.
LE RÉLIGIEUX.
Le Ciel n'ordonne pas de détester son père.
LE PEUPLE.
Un de nos Magistrats, dans un cloître sacré,
Pour ce Procès fameux s'est long-temps retiré.
Inspiré par les Cieux, ce Juge irréprochable
A dit publiquement : » Jean Calas est coupable. «
LA SALLE.
Un homme, dites-vous, par les Cieux inspiré !
Bon Peuple ! eh, c'est ainsi qu'ils vous ont égaré.
LE PEUPLE.
Les Juges irrités frapperont la victime.
LA SALLE.
Eh quoi, n'ont-ils jamais condamné que le crime ?
Au sang d'Urbain Grandier leurs bras se sont baignés.
LE PEUPLE.
Tous nos Prêtres, comme eux justement indignés...
LA SALLE.
Repoussez loin de vous ces Prêtres sanguinaires
Qui vous font désirer le trépas de vos frères,
Qui, d'orgueil enivrés, prèchent l'humilité,
Qui, du sein des trésors prèchent la pauvreté,

Et qui, trompant toujours & dévastant la terre,
Servent le Dieu de paix en déclarant la guerre.

LE PEUPLE.

Eh bien, le Tribunal est prêt à s'assembler ;
Vous êtes Magistrat ; vous pouvez y parler :
En faveur des Calas, courez vous faire entendre.

LA SALLE.

N'en doutez point ; j'y vole, & c'est pour les défendre.

LE PEUPLE.

Comment, vous oserez, par le zèle emporté !...

LA SALLE.

Tout pour ma conscience & pour la vérité.

LE PEUPLE.

Courons hâter l'arrêt d'une race coupable.

LA SALLE.

Allez, & demandez un arrêt équitable.
Le Peuple sort.

―――――――――

SCÈNE V.

LA SALLE, LOUIS CALAS, LE RELIGIEUX.

LOUIS CALAS.

O, mon libérateur!

LA SALLE.

Vous, jeune infortuné,
Venez sous l'humble toit que le Ciel m'a donné.
Sans consumer ma vie au fond des sanctuaires,
Je tâche d'être humain ; ce sont-là mes prières.

LE RELIGIEUX.

Vos vœux & votre encens sont les plus précieux :
Tout mortel bienfaisant est un Prêtre des Cieux.
Aimer le genre humain, secourir la misère,
C'est la religion, c'est la loi toute entière :
C'est le précepte saint que Dieu même a dicté :
Son culte véritable est dans l'humanité.

Fin du premier Acte.

ACTE II.

Le Théâtre représente la salle du Parlement.

SCÈNE PREMIÈRE.
CLÉRAC, LA SALLE, LES AUTRES JUGES, UN GREFFIER.

CLÉRAC.

Bientôt les accusés en ces lieux vont paraître ;
Ce moment de leur sort va décider peut-être.
Vous voyez les désirs de ce Peuple pieux :
Il attend votre arrêt ; il a sur vous les yeux.
Pensez-y bien : souvent l'énormité du crime
Rend le Juge incrédule, & sauve la victime.
Par des préventions ne soyons point troublés.
Le Ciel, qui nous entend, qui nous voit rassemblés ;
A qui nous répondrons de notre ministère,
Dit à chacun de nous d'être un Juge sévère,
De ne point profaner la sainteté des lois,
D'être sourd à la plainte, & de venger ses droits.

LA SALLE.

Venger les droits du Ciel ! Insensés que nous sommes ;
Ne donnons point à Dieu les passions des hommes.

Il ne commande point tant de sévérité :
Ce Dieu, dont un cœur dur méconnaît la bonté,
Dit à chacun de nous d'être un Juge équitable,
De haïr le forfait, de plaindre le coupable,
D'accueillir l'accusé d'un œil compatissant,
Et de ne point verser le sang de l'innocent.

SCÈNE II.

CLERAC, LA SALLE, LES AUTRES JUGES, UN GREFFIER, JEAN CALAS, MADAME CALAS, PIERRE CALAS, L'AMI, LA SERVANTE.

CLÉRAC.

Approchez.

LA SALLE.

Leur aspect me fait verser des larmes.

JEAN CALAS.

Tout terrible qu'il est, ce moment a des charmes :
Epars dans les cachots depuis près de six mois,
Nous voilà réunis pour la première fois.

MADAME CALAS.

Mon époux !

JEAN CALAS,

L'AMI.

Mon ami!

LA SERVANTE.

Mon cher maître!

PIERRE CALAS.

Mon père!

JEAN CALAS.

Ces noms étaient bien doux dans un temps plus prospère.

CLÉRAC.

Répondez. De Calvin vous professez la foi?

JEAN CALAS.

Oui, depuis mon berceau.

CLÉRAC.

Quel était votre emploi?

JEAN CALAS.

Par les travaux constans d'une utile industrie,
Ainsi que mes aïeux, j'ai servi la Patrie.

CLÉRAC.

Votre âge & votre nom?

JEAN CALAS.

Vous ne l'ignorez pas:
J'ai soixante-neuf ans; mon nom est Jean Calas.

TRAGÉDIE.

CLÉRAC.

Etes-vous étranger?

JEAN CALAS.

J'ai vu le jour en France.

CLÉRAC.

En quels lieux?

JEAN CALAS.

Dans ces murs j'ai reçu la naissance.

CLÉRAC, à *Mde. Calas.*

Et vous?

MADAME CALAS.

J'ai vu le jour chez un Peuple vanté
Pour ses lois, pour ses mœurs & pour sa liberté.

CLÉRAC.

Ce Peuple, quel est-il? Ce n'est pas me répondre.

MADAME CALAS.

Eh bien, je suis Anglaise, & je naquis dans Londre.

CLÉRAC.

Et le nœud qui vous joint dure depuis trente ans?

JEAN CALAS.

Il est vrai.

CLÉRAC.

Vous avez encor plusieurs enfans?

MADAME CALAS.

Grace à notre union, bien triſtement féconde,
Six malheureux de plus ont gémi dans le monde :
Deux filles, quatre fils.

CLÉRAC.

     Et ceux qui ſont vivans,
Habitent-ils ces lieux ? Sont-ils tous Proteſtans ?

JEAN CALAS.

L un d'eux eſt Catholique : & dans ſon premier zèle,
Ayant voulu quitter la maiſon paternelle,
De ſes parens encore il éprouve les ſoins :
Un tribut annuel ſuffit à ſes beſoins.
Il traîne ſur ces bords ſa pénible exiſtence.
Le ſecond de nos fils eſt en votre préſence ;
Et le troiſième enfin, le plus jeune de tous,
Sur les bords Genevois fut envoyé par nous.

MADAME CALAS.

Mes filles nous rendraient nos malheurs ſupportables.
Sous le champêtre toit de parens reſpectables,
Leurs beaux jours s'écoulaient loin du toit paternel,
Lorſqu'Antoine a conçu ſon projet criminel.
Cependant, comme nous, elles ſont priſonnières :
Mes filles, s'abreuvant de larmes ſolitaires,
Expirent jour & nuit dans un cloître inhumain,
Loin de leur mère, hélas ! qui les appelle en vain.

TRAGÉDIE.

CLÉRAC, à *Pierre Calas*.

Parlez, fils de Calas : il faut aussi connaître
Et votre âge & les lieux où le sort vous fit naître.

PIERRE CALAS.

Je suis né dans ces murs ; j'ai vingt ans accomplis.

CLÉRAC, à *l'Ami*.

Et vous ?

L'AMI.

Un an de moins : Toulouse est mon pays.

CLÉRAC.

Est-ce de vos parens la demeure ordinaire ?

L'AMI.

C'est-là que de tout temps a résidé mon père.

CLÉRAC.

Ses jours ne sont-ils pas consacrés à la loi ?

L'AMI.

Il s'est rendu fameux dans l'honorable emploi
De défendre au barreau les droits de l'innocence ;
Et le faible opprimé chérit son éloquence.

CLÉRAC, à *la Servante*.

Vous, femme, qui pleurez, qui gémissez tout bas,
Approchez ; répondez : vous serviez Jean Calas ?

LA SERVANTE.

Il est vrai.

JEAN CALAS,

CLÉRAC.

Cependant vous êtes Catholique.

LA SERVANTE.

Grace au Ciel !

CLÉRAC.

Vous pouviez servir un hérétique !

LA SERVANTE.

J'ai vécu bien long-temps ; mais je n'ai point connu
D'homme plus généreux, plus rempli de vertu.
Mon maître & son épouse ont aidé l'infortune ;
Ils n'ont jamais trouvé sa demande importune.
Lorsque j'entrai chez eux, au pied de leurs Autels,
Ils venaient de s'unir par des nœuds solemnels.
Hélas ! deux ans après, le Ciel, en sa colère,
D'un époux fortuné fit un malheureux père.
Je cultivais les fruits de ce tendre lien ;
Et le cœur maternel se confiait au mien.
Mes yeux furent témoins du jour de leur naissance :
Ces mains que vous voyez ont bercé leur enfance.
Pour mes soins chaque jour recevant des bienfaits,
J'ai vu dans la maison l'innocence & la paix.
Je ne m'attendais pas, non plus que vous, mon maître,
Que je verrais mourir l'enfant que j'ai vu naître ;
Ni qu'un jour des parens si bons & si chéris,
S'entendraient accuser du meurtre de leur fils.

CLÉRAC.

Retracez-nous, vieillard, l'événement funeste.

TRAGÉDIE.

JEAN CALAS.

Je vais donc ranimer la force qui me reste.
Montrant l'Ami.
Ce jeune homme à nos yeux est un de nos enfans ;
La plus tendre amitié me joint à ses parens :
Ce sont des nœuds formés depuis quarante années.
Il avait dans Bordeaux passé quelques journées ;
De retour en ces murs il venait nous revoir :
Nous étions réunis pour le repas du soir,
Ma femme auprès de moi, lui, mon second fils Pierre ;
Et ce fils dont la mort perd sa famille entière.
Je me trouvais heureux, environné des miens ;
Et le temps s'écoulait en ces doux entretiens,
Sans suite & sans apprêt, dont le désordre aimable
Reçoit de la Nature un charme inexprimable.
Antoine cependant, rêveur, préoccupé,
Semblait d'un grand dessein profondément frappé.
Nous nous levons ensemble.

PIERRE CALAS.

Y pensez-vous, mon père ?
Avez-vous oublié que mon malheureux frère
Venait de nous quitter depuis quelques instans ?

L'AMI.

Antoine est sorti seul.

JEAN CALAS.

Il est vrai, mes enfans.
J'ai peine à surmonter le trouble qui m'accable :
Pardon !

B iv

CLÉRAC.
Vous héſitez : vous êtes donc coupable?

LA SERVANTE.
Il ne l'eſt point : ſon fils a dirigé ſes pas
Aux lieux où ſe faiſaient les apprêts du repas.
Je me rappelle bien l'époque infortunée :
Octobre finiſſait ſa treizième journée ;
Les orages fréquens & la fraîcheur de l'air,
Nous annonçaient déjà l'approche de l'hiver.
Il entre : ſa triſteſſe a cauſé ma ſurpriſe.
Près de l'ardent foyer j'étais alors aſſiſe :
Approchez-vous ; le froid fait ſentir ſa rigueur,
Lui dis-je. Il me répond d'un air ſombre & rêveur,
» Je brûle. « Après ces mots que je ne pus comprendre,
D'un pas précipité je l'entendis deſcendre.

CLÉRAC.
Continuez, vieillard.

JEAN CALAS.
L'heure vint avertir
Que notre ami devait nous quitter & partir.
Il voulait, la nuit même, aller trouver l'aſile
Que ſon père poſsède auprès de notre ville :
Nous réveillons mon fils qui s'était endormi :
Va, dis-je, mon enfant, éclairer notre ami.
Mon fils prend la lumière, & tous deux ils deſcendent.
Des cris l'inſtant d'après, & des ſanglots s'entendent :
Moi-même alors j'accours, pâle & ſaiſi d'effroi ;
Mon épouſe me ſuit plus tremblante que moi.

Mais de mon premier né quel destin déplorable!
Quel sujet de douleur & profonde & durable!
Quel spectacle effrayant se présente à nos yeux!
Le pourrai-je achever, ce récit odieux?
Mon fils... je vois tes pleurs, ô toi qui fus sa mère!
Vous tous qui me jugez, prenez pitié d'un père!
Songez à la victime; & ne m'ordonnez pas
De m'arracher le cœur en peignant son trépas.
Mon fils... je meurs... mon fils...

LA SALLE, *courant soutenir Jean Calas.*

Il chancelle, il succombe.

JEAN CALAS.

Je devais avant toi descendre dans la tombe.
Mon fils!

MADAME CALAS.

De sa douleur nous le verrons mourir.

LA SERVANTE.

Calmez-vous, mon cher maître.

LA SALLE.

On doit le secourir.

CLÉRAC.

Est-ce là votre place? Un Juge..., est-il possible?

LA SALLE.

Non; je ne le suis plus, s'il faut être insensible.

JEAN CALAS, *reprenant ses sens.*

Et quoi, je puis encor me trouver dans vos bras!
A la Salle. -
Mais vous pleurez aussi!

MADAME CALAS.

C'est un des Magistrats.

JEAN CALAS, *à la Salle.*

Je vous plains.

CLÉRAC, *à Pierre Calas.*

Achevez. Qu'ordonna votre père?

PIERRE CALAS.

» Va, me dit-il, va, cours, cherche à sauver ton frère:
» Mais cache bien, sur-tout; qu'il a tranché ses jours. «
Je vole en gémissant implorer des secours:
Hélas! nous espérions qu'une main bienfaisante,
Ranimerait encor sa chaleur expirante:
On vient : l'art se consume en efforts superflus,
Et nous rend pour tout fruit, ces mots: » Il ne vit plus. «

CLÉRAC, *à M^{de}. Calas.*

Et le chef de la ville alors vint vous surprendre?

PIERRE CALAS.

J'ai couru l'avertir.

CLÉRAC, *à Pierre Calas.*

Je viens de vous entendre.

TRAGEDIE.

A M^{de}. Calas.
C'est vous que j'interroge, épouse de Calas.

MADAME CALAS.

Le chemin tout à coup se remplit de Soldats.
Le Magistrat chargé de veiller sur la ville,
Arrivait avec eux au sein de notre asile;
Et déjà cet asile était environné
D'un Peuple furieux contre nous déchaîné.
» Oui, criait cette foule impie & fanatique,
» Ils ont tué leur fils devenu Catholique :
» Il voulait abjurer; & tous les Protestans,
» Sur de pareils soupçons égorgent leurs enfans.
» Voilà le meurtrier qu'a choisi leur vengeance;
» C'est ce jeune homme à peine échappé de l'enfance;
» Lui-même; & de Bordeaux il revient aujourd'hui,
» Pour cet assassinat qu'on exigeait de lui. «
Le pieux Magistrat, par les cris du vulgaire,
Sent s'échauffer encor son zèle sanguinaire;
Et de cinq malheureux ardent persécuteur,
Il devient notre Juge & notre accusateur.
Plongés depuis six mois en de sombres abîmes,
Innocens renfermés dans le séjour des crimes,
Isolés, dispersés, seuls avec nos malheurs,
Jamais la main d'un fils ne vient sécher nos pleurs;
Et jamais une voix & consolante & tendre,
A notre cœur ému ne peut se faire entendre.
Les noms sacrés de mère, & de père & d'époux,
Au fond de ces tombeaux n'existent plus pour nous.

On doit peut-être encor nous livrer au supplice ;
C'est le seul coup du moins qui manque à l'injustice :
Mais nous pourrons subir & la honte & la mort,
Tous les tourmens unis, excepté le remord.

CLÉRAC.

Ainsi donc votre fils fut sa propre victime,
Et vos mains, dites-vous, sont exemptes de crime ?

JEAN CALAS.

O mon fils, tes parens t'auraient privé du jour !
Le tigre seul détruit les fruits de son amour.
Enfant dénaturé, c'est toi-même peut-être
Qui donneras la mort à ceux qui t'ont fait naître.
Tu voulus de ta vie éteindre le flambeau.
Si ma voix peut percer l'abîme du tombeau,
Viens à ce Tribunal justifier ton père,
Ton frère, ton ami, sur-tout ta tendre mère ;
Celle qui t'a porté dans ses flancs douloureux,
Dont les soins t'élevaient pour un sort plus heureux ;
Et dont le lait jadis aux jours de ton enfance,
Soutenait, conservait ta débile existence.
Toi, principe éternel d'amour & d'équité,
Dont l'image préside à ce lieu redouté,
Dieu, qui voulus naître homme, & terminer ta vie
Au milieu des tourmens & de l'ignominie ;
Divin Patron du juste à la mort condamné,
Dieu du pauvre, à tes pieds me voilà prosterné :
Nous attestons ici tes regards redoutables ;
Tu vois des malheureux, mais non pas des coupables.

TRAGÉDIE.

CLÉRAC.

Vous, ô Ciel!

JEAN CALAS.

Je le jure.

MADAME CALAS, PIERRE CALAS, L'AMI, LA SERVANTE.

Et nous le jurons tous.

CLÉRAC.

Il suffit : maintenant, allez, retirez-vous.

JEAN CALAS.

Quoi, toujours supporter cette absence funeste !
Ah ! du moins profitons de l'instant qui nous reste.
Viens, chère épouse, & vous, mes amis, mes enfans,
Venez, confondez-vous dans mes embrassemens.

LA SERVANTE.

Ah ! laissez-moi baiser cette main respectable.
Permettez que mes pleurs...

JEAN CALAS.

Ton amitié m'accable.
Je connais sa tendresse & sa fidélité :
Ce n'est point là le prix qu'elle avait mérité.

A l'Ami.

Et vous, brillant encor des fleurs de la jeunesse,
De vos tristes parens que je plains la vieillesse !
Sous leur toit solitaire ils sont abandonnés.
Quel destin vous guidait chez des infortunés ?

JEAN CALAS,

L'AMI.

Je gémis avec vous : mon sort sera le vôtre.

MADAME CALAS.

Resterons-nous long-temps enlevés l'un à l'autre ?

LES CINQ ACCUSÉS.

Adieu.

JEAN CALAS.

Je ne pourrai m'arracher de ce lieu.
Hélas ! pourquoi faut-il encor nous dire adieu ?
Les cinq Accusés sortent.

SCÈNE III.

CLÉRAC, LA SALLE, LES AUTRES JUGES, UN GREFFIER.

LA SALLE.

Vous venez de les voir ; les croyez-vous coupables ?

CLÉRAC.

Leurs discours sont touchans, simples, & vraisemblables ;
Soit qu'on les interroge isolés, tour à tour,
(Je l'ai fait plusieurs fois moi-même avant ce jour);
Soit, comme en ce moment, qu'on les écoute ensemble,
De tous les accusés le récit se ressemble :
Si vous en exceptez un mot, un seul instant,
Leur aveu fut toujours uniforme & constant.

Ce fait, tout important qu'il puisse vous paraître,
Ne tient pas lieu de preuve : observez que peut-être,
Au moment de ce meurtre, avant d'être arrêtés,
Sur ce qu'il fallait dire ils se sont concertés.
Ce jeune homme du moins privé de la lumière,
La veille d'abjurer le culte de son père,
Tout le Peuple informé de son pieux dessein,
L'esprit des Protestans, ce suicide enfin
Que l'aspect seul du lieu fait juger impossible,
Tout établit contre eux une preuve invincible ;
Et, malgré la pitié dont je suis pénétré,
Tout démontre à mes yeux un complot avéré.

LA SALLE.

Pensez-vous qu'il s'agit d'un forfait exécrable ?
Un vain bruit, un soupçon vous le rend vraisemblable !
Quelle preuve avez-vous ? Quels faits sont avancés ?
Un témoin se présente. Un seul homme, est-ce assez ?
Et qui ? ce vil mortel chez qui le plus grand crime,
L'homicide, devient un acte légitime ;
Payé pour exercer l'abominable emploi
De répandre le sang condamné par la loi !
Vous savez que du meurtre il a l'expérience ;
Vous allez, Magistrats, consulter sa science :
Il a jugé pour vous. » Le fils de Jean Calas
» N'a pu, vous a-t-il dit, se donner le trépas ;
» D'une main meurtrière il éprouva la rage. »
Sur cette autorité, sur ce grand témoignage,
Vous allez donc livrer à des tourmens affreux
Un père, un citoyen, un vieillard malheureux !

CLÉRAC.

Il est d'autres témoins. A l'heure infortunée
Qui d'Antoine Calas finit la destinée,
Des voisins effrayés ont entendu des cris.

LA SALLE.

C'étaient les cris du père. Êtes-vous donc surpris
Qu'un vieillard éperdu, qu'une famille entière,
Voyant l'horrible mort & d'un fils & d'un frère,
Fasse éclater au loin ses plaintives douleurs ?
Vouliez-vous la contraindre à dévorer ses pleurs ?
Pour condamner un homme, il faut que l'évidence
Ait de son attentat démontré l'existence.
Ah, je réclame ici, non pas l'humanité,
Mais l'austère raison, d'où naît la vérité.
Quelques enfans ingrats jusqu'à la barbarie,
Des auteurs de leurs jours ont abrégé la vie :
On a vu, je le sais, des fils dénaturés
Oser verser le sang de ces objets sacrés :
Alors, pour désigner un si grand homicide,
Nos aïeux ont créé le nom de parricide ;
Mais ils n'ont pas prévu qu'au sein de son enfant
Un père pût jamais porter son bras sanglant.
Égorger un mortel que soi-même on fit naître !
Ce forfait incroyable, impossible peut-être,
Jusqu'à nos Tribunaux n'était point parvenu ;
Et le nom d'un tel crime est encore inconnu.

CLÉRAC.

TRAGÉDIE.

CLÉRAC.

Vous êtes Défenseur, & vous n'êtes pas Juge.

LA SALLE.

Et du faible innocent quel sera le refuge ?
Dans vos bizarres lois, qu'inventa la fureur,
L'homme accusé d'un crime a-t-il un défenseur ?
Il est seul, sans conseil, près d'un Juge implacable,
Qui semble avoir besoin de le trouver coupable.
Au pied des Tribunaux une fois amené,
L'accusé, s'il est pauvre, est déjà condamné.

CLÉRAC.

Vous servez les Calas avec un zèle extrême.

LA SALLE.

Les Calas, dites-vous ? non pas eux, mais vous-même.
Si je puis arracher le glaive de vos mains,
Et de ces accusés prolonger les destins,
C'est à vous, Magistrats, que je rends un service :
Je vous sauve du sang, les remords, l'injustice ;
Je veux fermer l'abîme entr'ouvert sous vos pas :
Si vous me repoussiez vous seriez des ingrats ;
Et vous seriez couverts du sang de l'innocence,
Si votre bouche osait prononcer la sentence.

CLÉRAC.

Je crois que nous pouvons prononcer sans effroi ;
Quand nous avons pour nous des preuves & la loi.

Jeune homme, est-il prudent, est-il bien équitable,
Que dis-je? est-il humain d'absoudre le coupable?
Ah! quoi qu'en puisse dire un zèle exagéré,
Les témoins sont ouïs, le crime est avéré.
Ainsi donc je conclus.....

LA SALLE, *se levant avec précipitation.*

Homme, homme impitoyable,
Tu vas donner, d'un mot, la mort à ton semblable.

CLÉRAC.

La loi veut....

LA SALLE.

Arrêtez.

CLÉRAC.

Quoi! vous seul contre tous...

LA SALLE.

Il n'importe; arrêtez. Je tombe à vos genoux.

CLÉRAC.

Prétendez-vous aux lois enlever leur victime?
Pouvez-vous bien....

LA SALLE.

Je puis vous épargner un crime.
Vous êtes tous d'accord: moi, seul de mon côté,
Seul.... avec la justice, avec l'humanité,
J'ose vous conjurer, mes compagnons, mes frères,
Vous, au nom de vos fils, vous, au nom de vos pères,

Et tous au nom du Ciel que vous croyez venger,
De différer encor le moment de juger,
De ne point prononcer, de peser, de suspendre
L'irrévocable arrêt que vous prétendez rendre.
Si l'on exécutait cet arrêt odieux,
Si bientôt l'innocence éclatait à vos yeux,
Quel attentat pour vous, quel avenir horrible !
Verra-t-on, dites-moi, dans ce moment terrible
L'innocent expiré sous le fer d'un Bourreau,
Sortir à votre voix de la nuit du tombeau ?
Anéantirez-vous son trépas, son supplice ?
Chacun de vous alors, pour n'être pas complice,
Pour n'avoir pas trempé dans l'arrêt inhumain,
Voudrait donner son sang, & le voudrait en vain.
Oh, ne soyez point sourds à ma voix, qui vous prie ;
Songez bien qu'il y va d'un homme & de sa vie ;
Que vous vous préparez les tourmens du remord ;
Qu'il ne sera plus temps de retarder sa mort,
Plus temps de réparer un crime irréparable ;
Mais qu'il est toujours temps de punir un coupable.
Tous les Magistrats se lèvent.

CLÉRAC.

Vous le voulez... Eh bien !... Mais d'abord calmez-vous.

LA SALLE.

Vous répandez des pleurs ! vous m'environnez tous !

CLÉRAC.

Je ne le cache pas, mon ame est ébranlée :
Il faut en ce moment dissoudre l'assemblée.

Bientôt nous reviendrons terminer ces débats.
Nous avons juré tous, ah, ne l'oublions pas,
De n'en croire jamais que notre conscience,
D'écouter la loi seule, & non pas l'éloquence.

LA SALLE.

N'oubliez pas non plus que vous avez juré
D'offrir à l'innocence un secours assuré;
N'oubliez pas sur-tout qu'en frappant la victime,
Si vous vous abusez, votre erreur est un crime;
Que c'est un meurtre affreux, plus affreux mille fois
Que celui qu'un brigand commet au fond des bois;
Que pour un Magistrat, une telle injustice
Est le plus grand malheur, le plus cruel supplice;
Qu'il vaut mieux être enfin l'innocent abattu,
Mourant dans les tourmens, mais avec sa vertu,
Epuisant les horreurs d'un arrêt tyrannique,
Que le Juge souillé d'un jugement inique.

Ils sortent tous.

Fin du second Acte.

ACTE III.

La Scène est dans une place où la prison est située.

Un orage se prépare durant les premières Scènes, & les éclairs se pressent avec rapidité.

SCÈNE PREMIÈRE.

LOUIS CALAS.

Rien ne sçaurait calmer ma sombre inquiétude ;
Je marche sans dessein ; la nuit, la solitude
Dans mon cœur abattu nourrissent la douleur,
Et le Ciel orageux convient à mon malheur.
La prison ! c'est donc là qu'est ma famille entière.
Je veux rester ici ; dormons sur cette pierre.
Dormir ! ah ! le sommeil n'est plus fait pour mes yeux ;
Je ne dormirai pas. Vous, tyrans de ces lieux,
Pontifes, qui traînez au sein de l'opulence,
De vos stériles jours la pompeuse indolence ;
Orgueilleux Magistrats qui tenez en vos mains
La fortune & les jours des vulgaires humains,
Dormez, laissez veiller les chagrins, la misère,
Dormez ; dans les cachots vous n'avez pas un père.
Chacun s'est retiré ; je n'entends plus de bruit ;
Dans l'espace des Cieux, les astres de la nuit

Cachés ; ensevelis sous un épais nuage,
Ont fait place aux éclairs, précurseurs de l'orage.
Et moi, seul, accablé de mes calamités,
Je baise en vain les murs par mon père habités.
O mon père, ô vieillard si vertueux, si tendre,
Hélas ! tout près de moi vous ne pouvez m'entendre !

SCÈNE II.

LOUIS CALAS, JEAN CALAS,
paraissant aux barreaux de la prison.

JEAN CALAS.

C'est toi, mon cher Louis ?

LOUIS CALAS.

Je connais cette voix.
Se peut-il ?... c'est la sienne, & c'est lui que je vois.
De ces éclairs pressés la rapide lumière
Me fait jouir encor de l'aspect de mon père.

JEAN CALAS.

Tes accens douloureux ont pénétré mon cœur.

LOUIS CALAS.

Quoi, je puis donc goûter un moment de bonheur !

TRAGÉDIE.

Jean Calas.

Evite, mon cher fils, les coups de la tempête ;
Les torrens orageux vont tomber sur ta tête.

Louis Calas.

Qu'importent les torrens & la foudre en courroux ?
Je puis vous contempler ; je suis auprès de vous.

Jean Calas.

Je t'ai vu ; c'est assez : au nom de ma tendresse,
Pour ta mère, mon fils, conserve ta jeunesse :
Ta mère est dans cet âge où, de nouveaux besoins,
De l'amour filial exigent plus de soins.

Louis Calas.

Vos Juges en leurs mains tiennent sa destinée.

Jean Calas.

Je ne présume pas qu'elle soit condamnée ;
Ils vont faire périr sous la main d'un Bourreau ;
Un vieillard que déjà réclame le tombeau ;
Mais je crois que mon sang pourra les satisfaire ;
Et qu'ils épargneront ta malheureuse mère.

Louis Calas.

Et voilà tout l'espoir que vous me présentez !

Jean Calas.

Nos destins sont prévus, nos momens sont comptés.
J'ai passé sur la terre, & j'ai connu la vie ;
Le port s'offre à mes yeux, & ma course est finie.

JEAN CALAS,

LOUIS CALAS.

Dieu ! quel preffentiment !

JEAN CALAS.

Mon fils, ne me plains pas.
Plains & chéris ta mère.

LOUIS CALAS.

Ah ! tendez-moi vos bras.

JEAN CALAS.

De fi loin !

LOUIS CALAS, *montant fur une pierre, &
atteignant avec peine les bras de fon père.*

Cette pierre aidera ma tendreffe.
Oui, malgré ces barreaux, que ma bouche les preffe:
Sur ces auguftes mains, fur ces bras paternels,
Sentez couler des pleurs qui feront éternels.

JEAN CALAS.

Appaife, mon cher fils, la douleur qui t'emporte.
Adieu : de ma prifon j'entends ouvrir la porte ;
Je ne puis t'embraffer, mais je puis te bénir.

LOUIS CALAS.

Un fi cher entretien doit-il déjà finir ?

JEAN CALAS.

Que vient-on m'annoncer ? ma fentence peut-être :
D'une fecrette horreur mon cœur n'eft pas le maître.

Pour tous les accusés, ô Ciel! entends mes vœux :
Si je suis seul proscrit, mon sort est trop heureux.

UNE VOIX *dans l'intérieur de la prison.*

Suivez nos pas.

LOUIS CALAS.

Quelle est cette voix formidable ?
» Suivez nos pas ! « Ces mots sont un poids qui m'accable.

SCÈNE III.
LOUIS CALAS, LE RELIGIEUX.

LE RELIGIEUX.

C'est vous, fils de Calas! je vous cherche en ces lieux.

LOUIS CALAS.

Et moi, je fuis le jour, j'évite tous les yeux.

LE RELIGIEUX.

Pourquoi donc avez-vous quitté le toît paisible
De ce vertueux Juge, à vos malheurs sensible ?

LOUIS CALAS.

Je ne veux point lasser la pitié des humains.

LE RELIGIEUX.

Je viens auprès de vous partager vos chagrins.

LOUIS CALAS.

Laissez-moi ; la douleur veut être solitaire.

LE RELIGIEUX.

Mon cher fils...

LOUIS CALAS.

Laissez-moi ; vous n'êtes point mon père.

LE RELIGIEUX.

Vos efforts seront vains : je ne vous quitte pas.

LOUIS CALAS.

Où sont en ce moment, que font les Magistrats ?

LE RELIGIEUX.

A l'instant où le ciel est devenu plus sombre,
Quand la nuit commençait à déployer son ombre,
Le Peuple au Parlement les a tous rappelés.

LOUIS CALAS.

Les Juges, dites-vous, cette nuit rassemblés !
Sans doute ils ont déjà prononcé...

LE RELIGIEUX.

      Je l'ignore ;
Parmi les citoyens rien ne transpire encore.

LOUIS CALAS.

Que dit-on de l'arrêt qui doit être porté ?

TRAGEDIE.

LE RELIGIEUX.

Le sentiment public s'est trop manifesté :
De la prévention vous connaissez l'empire.

LOUIS CALAS.

A perdre mes parens je vois que tout conspire.

LE RELIGIEUX.

Du moins... sur Jean Calas les soupçons réunis...

LOUIS CALAS.

Ah ! cruel, arrêtez ; vous parlez à son fils.

LE RELIGIEUX.

Oui, je parle à ce fils ; en sa douleur extrême,
Il lui faut un ami qui l'arrache à lui-même.
Eh ! quoi ! trembleriez-vous, si je devais dicter
L'arrêt qu'en ce moment on s'apprête à porter ?
Moi qui pensai toujours qu'un Chrétien véritable
Ne peut même ordonner le trépas d'un coupable ;
Que sur le sang humain l'homme n'a point de droits,
Et que l'arrêt de mort est un crime des lois.
Me préserve le Ciel de cette audace impie
D'accuser le mortel qui vous donna la vie !
Il eut pour vous un cœur sensible & paternel ;
Envers un autre fils serait-il criminel ?
Un tel forfait, sans doute, a peu de vraisemblance :
Je ne puis garantir pourtant son innocence ;
Je ne le connais point ; des emplois différens,
Mes soins religieux, la foi de vos parens,

Et ce culte plus pur que j'ai rendu le vôtre,
Nous ont jusqu'à ce jour éloignés l'un de l'autre.
En vain nous résidions au sein des mêmes lieux;
Votre père jamais ne s'offrit à mes yeux.
Ah ! si des Magistrats la voix impitoyable,
Au nom des lois, mon fils, le déclare coupable,
Cette religion que chérit votre cœur,
Adoucira du moins le poids d'un tel malheur :
Des consolations source pure & féconde,
Seule elle calmera votre douleur profonde :
Elle vous cherchera ; vous, ne la fuyez pas ;
Vous, avec abandon jetez-vous dans ses bras ;
C'est pour tous les humains la mère la plus tendre,
Et son cœur en tout temps est prêt à nous entendre.

SCÈNE IV.

LOUIS CALAS, LE RELIGIEUX, LA SALLE.

La foudre commence à gronder au loin vers la fin de cette Scène.

LOUIS CALAS, *à la Salle.*

ON approche. Est-ce vous, mon généreux soutien ?

LA SALLE.

C'est moi.

TRAGÉDIE.
LOUIS CALAS.
Le jugement...
LA SALLE.
Vient de se rendre.
LOUIS CALAS.
Eh bien?
Achevez. Qu'a-t-on fait?
LA SALLE.
Je n'ai rien à vous dire.
LOUIS CALAS.
Rien à me dire ! ô Ciel ! & votre cœur soupire !
Vos yeux versent des pleurs ! vous semblez consterné !
Ah ! vous m'avez tout dit ; mon père est condamné !
LA SALLE.
L'œuvre du fanatisme est enfin consommée ;
Les Juges satisfaits ; l'innocence opprimée.
Hélas ! j'ai fait long-temps parler la vérité ;
La raison, la nature, & sur-tout l'équité,
Tout ce qui peut toucher un cœur juste & sensible,
Tout ce qui rend sur-tout ce forfait impossible :
Mais dans les Tribunaux, comme au sein des combats,
Un mortel s'accoutume à l'aspect du trépas,
Et se croyant toujours entouré de coupables,
Voit couler d'un œil sec le sang de ses semblables.
Rien n'a pu ramener des Juges endurcis :
Toutefois sur la peine on semblait indécis ;
Les voix se partageaient, j'avais quelqu'espérance :
Une voix tout-à-coup fait pencher la balance ;

Un jeune homme entraîné s'unit aux Magistrats
Dont les cris demandaient la mort de Jean Calas.
Au milieu du Sénat un des Juges s'élance :
Réunis par le crime, ou bien par l'innocence,
Votre arrêt, nous dit-il, ne peut leur pardonner :
Il faut tous les absoudre, ou tous les condamner.
Je me lève avec lui ; nous nous faisons entendre,
Lui pour les accuser, & moi pour les défendre.
Cependant tous les deux nous parlons vainement,
Et l'on prononce enfin le fatal jugement.
Un vil trépas attend votre malheureux père ;
Ils ont loin de ces bords exilé votre frère ;
Les autres accusés échappant à leurs coups,
Du prétendu forfait sont déclarés absous.
Ainsi les Magistrats ayant forgé les crimes,
Au gré de leur caprice ont choisi les victimes,
Afin de conserver la même absurdité
Et dans leur indulgence, & dans leur cruauté.

Louis Calas.

C'en est donc fait ! Mon père... O détestable rage !
Fanatisme insensé, voilà ton digne ouvrage !
Au Religieux.
Ainsi vous abusez un cœur faible & soumis !
Où sont donc les secours que vous m'aviez promis ?
Cette religion dont la voix généreuse
Se flattait d'adoucir mon infortune affreuse ?
Je l'interroge en vain ; la cruelle se tait.
Eh bien, mon cœur l'abjure ; elle seule a tout fait ;

C'est un culte barbare, injuste, sanguinaire;
C'est la religion des bourreaux de mon père.

LE RELIGIEUX.

Je conçois la douleur qui doit vous déchirer.

LOUIS CALAS, *à la Salle.*

M'est-il donc à jamais défendu d'espérer?
Ne peut-on désarmer un cruel fanatisme?

LA SALLE.

Non; ces grands Tribunaux, rivaux du despotisme,
Affectent son orgueil ainsi que sa fureur:
Avant de s'avouer convaincus d'une erreur,
Ils laisseront traîner l'innocent au supplice;
Après sa mort peut-être ils lui rendront justice.
Tel est des Parlemens l'esprit accoutumé:
Ainsi le Magistrat, que l'or seul a nommé,
Croyant s'humilier s'il devenait sensible,
Achète & vend le droit de paraître infaillible.

LOUIS CALAS.

D'où viennent tout à coup ces applaudissemens?

LA SALLE.

J'entends des cris de joie & des gémissemens.

LOUIS CALAS.

Je vois les Magistrats & le Peuple & ma mère,
Et tous les accusés, tous, excepté mon père!

SCÈNE V.

LES MÊMES, MADAME CALAS, PIERRE CALAS, L'AMI, LA SERVANTE, CLÉRAC, LA SALLE, LES AUTRES MEMBRES DU PARLEMENT, LE PEUPLE.

L'orage s'accroît durant toute la Scène.

CLÉRAC.

Que me demandez-vous ? L'arrêt est prononcé.

LE PEUPLE.

Par le vœu général il était devancé.

CALAS.

Quoi ! cet arrêt cruel, ce jugement...

CLÉRAC, *avec douleur.*

Est juste.

Au Religieux.
Vous, Prêtre, allez remplir votre devoir auguste.
Le Religieux sort.
Aux autres membres du Parlement.
Et nous, quittons ces lieux.

MADAME CALAS.

Un moment. Vous voyez...

CLÉRAC.

TRAGÉDIE.

CLÉRAC.

Que faites-vous ?

MADAME CALAS.

Ses fils, son épouse à vos pieds.

CLÉRAC.

Vainement je voudrais rétracter la sentence.

LA SERVANTE.

Mon Maître est innocent.

MADAME CALAS.

Rien, rien pour sa défense.

CLÉRAC.

Tout serait inutile.

MADAME CALAS.

Il n'importe. Arrêtez.

CLÉRAC.

Que voulez-vous encor ?

LA SALLE.

Ah ! du moins écoutez.

CLÉRAC, *aux accusés*.

J'en gémis ; mais, hélas ! qu'avez-vous à prétendre ?
A cette heure, en ces lieux, devons-nous vous entendre ?

MADAME CALAS.

Que font l'heure & les lieux quand il faut être humain ?
Vous qui répondez, vous, moins Juge qu'assassin,

D

Vous qui de Jean Calas avez proscrit la tête,
Vous qui verſez ſon ſang, craignez-vous la tempête,
Quand vous ne craignez point d'égorger mon époux,
Un vieillard, un mortel plus vertueux que vous?

CLÉRAC.

Je pardonne au malheur cette imprudente audace.

MADAME CALAS.

Nous ne vous cherchons pas pour demander ſa grace:
Son ſort eſt décidé ; décidez notre ſort.

PIERRE CALAS.

Rempliſſez nos déſirs.

CLÉRAC.

Que voulez-vous ?

MADAME CALAS, LOUIS CALAS, PIERRE CALAS, L'AMI, LA SERVANTE.

La mort.

MADAME CALAS.

Ah ! ne vous montrez pas toujours impitoyables.
Eſt-il coupable ? Eh bien, nous ſommes tous coupables.

LOUIS CALAS.

Tous, autant que mon père.

LA SALLE.

Et moi-même autant qu'eux.

TRAGÉDIE.

CLÉRAC.

Ne nous accablez pas. Nous croyez-vous heureux?
Hélas! en prononçant la sentence sévère,
J'ai vu, n'en doutez pas, une famille entière
Errante, abandonnée & dans le désespoir :
C'est en versant des pleurs que j'ai fait mon devoir :
Il est toujours pénible, il est souvent funeste;
Je signe en gémissant l'arrêt que je déteste;
Mais ma volonté cède aux volontés des loix.
Lorsque nous entendons leur rigoureuse voix,
Lorsqu'à donner la mort, elle vient nous contraindre,
Notre cœur se déchire, & c'est nous qu'il faut plaindre.
Sur un arrêt rendu, nul ne peut revenir.

On entend gronder la foudre.

MADAME CALAS.

Allez, cœurs inhumains qu'on ne sauroit fléchir.
Dieu dont la volonté déchaîne les tempêtes,
Ciel juste, Ciel vengeur qui tonnes sur nos têtes,
Ecrase-nous du moins, daigne nous délivrer
Du supplice de vivre & de les implorer.

LOUIS CALAS, *à Clérac.*

Et quoi, votre pitié...

CLÉRAC.

        Ne peut vous satisfaire.
Voyez dans sa prison votre époux, votre père.
Par des cris & des pleurs cessez de nous troubler;
A ses derniers momens courez le consoler.

Il sort suivi des autres Juges.

MADAME CALAS.

Qui nous tendra la main dans l'abîme où nous sommes ?
Point de pitié pour nous ! & ce sont-là des hommes !
Un vieillard innocent ! mais je puis le revoir.
Après un moment de réflexion.
Je te rends grace ô Ciel ! il me reste un espoir.

Fin du troisième Acte.

ACTE IV.

La Scène est dans la prison.

SCÈNE PREMIÈRE.
LE RELIGIEUX, LE GEOLIER, JEAN CALAS *endormi.*

LE RELIGIEUX.

Il dort.

LE GEOLIER.

Je vous l'ai dit.

LE RELIGIEUX.

Son front est vénérable.
Il dort ! & voilà donc le sommeil d'un coupable !

LE GEOLIER.

Ma voix, si vous voulez, hâtera son réveil.

LE RELIGIEUX.

Non, gardez-vous-en bien : c'est son dernier sommeil;

Sans doute il ne fait pas la fentence mortelle?

LE GEOLIER.

Il vient de recevoir cette horrible nouvelle.

LE RELIGIEUX.

Il fait qu'il va mourir, & cependant il dort !
Ce repos-là n'eft point troublé par le remord.
Cette nouvelle enfin comment l'a-t-il apprife?

LE GEOLIER.

Sans trouble, fans douleur, & même fans furprife :
Il préfentait un front foumis, mais raffuré.

LE RELIGIEUX.

Et fous ce toit fatal depuis qu'il eft entré,
Lui voyez-vous toujours ce vifage paifible?

LE GEOLIER.

Toujours. A fon malheur il paraît infenfible.

LE RELIGIEUX.

Vous parlait-il de ceux qui devaient le juger?

LE GEOLIER.

Non; fa femme, fes fils & le jeune étranger,
Tel eft de fes difcours le fujet ordinaire.

LE RELIGIEUX.

Eh bien?

LE GEOLIER.

Il plaint leur fort. Cependant il efpère

TRAGEDIE.

Que dans la Providence ils auront un appui,
Et que l'arrêt cruel ne frappera que lui.

LE RELIGIEUX.

Les Juges ont rempli cette triste espérance.

LE GEOLIER.

Il atteste toujours Dieu de son innocence.

LE RELIGIEUX.

Chez plus d'un criminel c'est ce qu'on a pu voir.
Mais jamais de fureur, de cris, de désespoir?

LE GEOLIER.

Non, jamais : seulement quand sa faible paupière,
Après un long sommeil se rouvre à la lumière,
Au lieu d'où vient le jour il dirige ses pas,
Et regarde le Ciel, & soupire tout bas.
Si chez des Magistrats l'erreur était possible,
Si tout un Tribunal...

LE RELIGIEUX.

    Dieu seul est infaillible.
Cet homme est condamné ! Magistrats, puissiez-vous
Goûter après sa mort un sommeil aussi doux !

LE GEOLIER.

Les sons de votre voix ont frappé son oreille.

LE RELIGIEUX.

Hélas ! vous m'affligez.

JEAN CALAS,

LE GEOLIER.
Le voilà qui s'éveille.

LE RELIGIEUX.
Laissez-nous maintenant.
Le Geolier sort.

SCÈNE II.
JEAN CALAS, LE RELIGIEUX.

LE RELIGIEUX.
Vieillard, pardonnez-moi.

JEAN CALAS.
Je ne vous comprends point. Vous pardonner ! pourquoi ?

LE RELIGIEUX.
Vous goûtiez un repos que j'ai troublé peut-être.

JEAN CALAS.
Non : mais vous me plaignez, & vous êtes un Prêtre.

LE RELIGIEUX.
Ne vous étonnez point. Je suis un homme aussi.

JEAN CALAS.
Que voulez-vous de moi ? Qui vous amène ici ?

TRAGÉDIE.

LE RELIGIEUX.

Mon devoir le plus faint, Dieu notre commun père,
L'ordre des Magiſtrats, & vos malheurs, mon frère.
De la religion les bienfaiſans ſecours
Puiſſent-ils conſoler le dernier de vos jours !

JEAN CALAS.

Des ſecours ! que du moins votre zèle s'explique.
Je ne ſuis point nourri dans la foi catholique.

LE RELIGIEUX.

Je le ſais.

JEAN CALAS.

S'il s'agit des ſecours généreux
Que le Livre ſacré préſente aux malheureux,
Si vous venez m'offrir la pitié, l'eſpérance,
J'accepte vos bienfaits avec reconnaiſſance :
Mais ſachez que la mort me fermera les yeux
Dans le ſein de la loi qu'obſervaient mes aïeux.
C'eſt par des actions & non par des prières
Que Dieu laiſſe fléchir ſes jugemens ſévères ;
Et, ſi je connais bien ce Dieu mon ſeul appui,
Les cultes différens ſont égaux devant lui.

LE RELIGIEUX.

Ah ! la foi des humains ne ſaurait ſe contraindre :
Si vous vous abuſez, c'eſt à moi de vous plaindre ;
Mais, ſi, dans votre erreur voyant la vérité,
Vous croyez avec zèle, avec ſimplicité,

Je n'outragerai point l'éternelle justice,
Jusqu'à penser jamais que le Ciel vous punisse;
Et je dois à mon frère annoncer la pitié
D'un Dieu que les mortels ont tant calomnié.
Cependant pardonnez à ce langage austère
Que prescrit la rigueur de mon saint ministère;
Concevez le chagrin que mon ame en ressent...
Le crime ne dort pas; je vous crois innocent :
Mais vous me convaincrez, & je veux vous entendre.
Ouvrez-moi votre cœur : je dois, j'ose y prétendre.
Ce cœur à des forfaits s'est-il abandonné ?
Et seriez-vous enfin justement condamné ?

JEAN CALAS.

Lorsque j'aurai parlé, que votre voix prononce.
C'est à l'homme de bien que je dois ma réponse;
Ce n'est pas au Pontife envoyé près de moi.
Des enfans de Calvin vous connaissez la foi :
Je ne respecte point l'autorité d'un Prêtre
Qui croit pouvoir m'absoudre & m'interroge en maître;
Je me confesse à Dieu, mais non pas aux mortels,
Dans le secret du cœur, non devant les autels.
Ecoutez maintenant. L'injustice m'opprime;
Ni mon bras, ni mon cœur ne sont souillés d'un crime:
On veut que par mes mains mon fils assassiné...
Ce déplorable fils était mon premier né.
Le jour qu'il fit entendre à mon ame attendrie
Ce cri faible & plaintif qui commence la vie,
Je baignai mon enfant de mes pleurs paternels :
J'en répands aujourd'hui; mais ils sont bien cruels.

TRAGÉDIE.

Mes bras l'ont recueilli dans les bras de sa mère :
« Toi, son fils & le mien, tu me la rends plus chère,
» Tu resserres le nœud qui l'unit avec moi,
» Disais-je : en expirant, je revivrai dans toi :
» De mes soins assidus j'aiderai ta jeunesse,
» Et tu seras un jour l'appui de ma vieillesse ».
Ah ! je comptais en vain sur ses tendres secours :
D'une importune vie il a tranché le cours ;
Il m'a quitté. J'ouvris ses yeux à la lumière ;
Mais il a refusé de fermer ma paupière.

LE RELIGIEUX.

Arrêtez ; c'est assez. Combien je suis ému !

JEAN CALAS.

Fils ingrat !

LE RELIGIEUX.

Arrêtez ; j'en ai trop entendu.

JEAN CALAS.

Vous plaignez mon malheur !

LE RELIGIEUX.

      O divine justice,
Comment peux-tu souffrir qu'un innocent périsse ?

JEAN CALAS.

Des Juges égarés, interprétant la loi,
Ont frappé des mortels plus vertueux que moi.

LE RELIGIEUX.

Plus vertueux, vieillard ! Non, il n'est pas possible.

JEAN CALAS.

Vous n'êtes pas un Juge, & votre ame est sensible.

LE RELIGIEUX.

Que cherchent vos regards ?

JEAN CALAS.

Dans mes derniers momens,
J'aurais voulu revoir ma femme & mes enfans.

LE RELIGIEUX.

Ah ! vous pouvez encor jouir de leur présence;
Auprès de vos deux fils votre épouse s'avance.

SCÈNE III.

JEAN CALAS, MADAME CALAS, LOUIS CALAS, PIERRE CALAS, LE RELIGIEUX.

JEAN CALAS.

Mes enfans, je connais ces muettes douleurs ;
Et quand vous vous taisez, j'entends parler vos pleurs.

LE RELIGIEUX.

Dieu qui ne confond point l'innocence & les crimes,
De quoi les punis-tu ? que t'ont fait ces victimes ?

TRAGÉDIE. 61

LOUIS CALAS.

Mon père, eh, je ne puis mourir à vos genoux!

PIERRE CALAS.

Je ne suis que banni!

MADAME CALAS.

Mes enfans, laissez-nous.
Vous qui pleurez comme eux, & dont le front austère
Porte de la vertu le sacré caractère,
Vous, Catholique & Prêtre, & pourtant tolérant,
Sourd aux préventions d'un culte différent,
Vous savez distinguer, consoler l'innocence :
Je ne puis vous offrir que ma reconnaissance.
Ajoutez une grace à vos généreux soins ;
Souffrez que je lui parle un moment sans témoins.

Le Religieux & les enfans sortent.

SCÈNE IV.

JEAN CALAS, MADAME CALAS.

MADAME CALAS.

Tes Juges ont enfin consommé l'injustice.

JEAN CALAS.

La sentence est portée, & j'attends mon supplice.

MADAME CALAS.

Aucun autre accusé ne partage ton sort.

JEAN CALAS.

C'est ce qui me console en recevant la mort.

MADAME CALAS.

Et c'est mon désespoir. Tu sais mourir ?

JEAN CALAS.

Sans doute.

MADAME CALAS.

Je sais mourir aussi.

JEAN CALAS.

Que veux-tu dire ?

MADAME CALAS.

Ecoute.
Nous avons rencontré tes Juges sur nos pas ;
Nous avons à leurs pieds imploré le trépas.

JEAN CALAS.

O Ciel !

MADAME CALAS.

Pour ton épouse & ta famille entière :
Mais ils ont repoussé notre juste prière ;
Et ces tyrans cruels, organes du forfait,
N'accordent point la mort quand elle est un bienfait.
La vie est devenue un fardeau qui m'accable.

JEAN CALAS.

Comment ?

MADAME CALAS.

Ta mort s'approche ; elle est inévitable.
La mort est un moment facile à supporter ;
Mais la honte est affreuse, & tu peux l'éviter.

JEAN CALAS.

Que dis-tu ?

MADAME CALAS.

Des tyrans il faut tromper la rage ;
Tu sens bien qu'ils n'ont pu deviner le courage.

JEAN CALAS.

Et tu peux concevoir ce projet sans effroi !

MADAME CALAS.

Il est grand : c'est le seul qui soit digne de toi.
C'est ainsi que tu peux échapper au supplice.
Ainsi, maîtres de nous, vainqueurs de l'injustice,
Sans honte & sans frayeur, sans crime & sans remord,
Nous nous réunirons dans les bras de la mort.

JEAN CALAS.

Sans crime ! un suicide ! ah ! mère malheureuse,
Un suicide a fait notre infortune affreuse.
Puissent les vœux ardens d'un cœur pur & soumis
Obtenir le pardon du premier de mes fils !
Mais imiter, grand Dieu, sa fatale imprudence !
Troubler l'ordre éternel ! tenter la Providence !
Non, sans être coupable on ne peut renoncer
Au poste où sa justice a daigné nous placer.

MADAME CALAS.

Quelle eſt donc cette erreur à qui tu rends hommage !
Du Dieu qui le créa, l'homme eſt, dit-on, l'image ;
Et la bonté de Dieu veille ſur les deſtins
De cet obſcur limon façonné par ſes mains.
Ah, s'il était bien vrai, ſi le ſeul être juſte
Daignait verſer ſur nous cette influence auguſte,
Verrait-on l'équité ſans crédit & ſans voix,
Et la loi du plus fort braver toutes les loix ?
Verrait-on la balance entre les mains du crime,
Choiſir impunément la vertu pour victime ;
Le fanatiſme impur, ce fléau des mortels,
Souiller les Tribunaux, les Trônes, les Autels ;
Sous des brigands ſacrés, l'humanité tremblante
Se débattre à leurs pieds dans ſa chaîne ſanglante ;
Les innocens traînés au pied des échafauds,
Et ſouvent pourſuivis au fond de leurs tombeaux ?
Le malheur inventa le nom de Providence :
L'infortuné qui pleure a beſoin d'eſpérance.
Accablé par un Roi, par un Juge inhumain,
Il voulut reconnaître une inviſible main :
La vanité crédule appuya ce ſyſtème,
Qui fait agir pour l'homme & le monde & Dieu même.
Redeſcendons vers nous ; cherchons la vérité :
De la commune loi l'homme eſt-il excepté ?
Tout ce qui fut créé, terminant ſa carrière,
N'eſt-il pas oublié dans la même pouſſière ?
Tu frémis !.. mais, dis-moi, quand l'Eſprit éternel
Daignerait s'occuper du deſtin d'un mortel,

TRAGEDIE.

En tranchant tous les deux nos jours insupportables,
A ses yeux paternels deviendrons-nous coupables ?
Est-ce un Tyran qui tient des Esclaves aux fers ?
Nous a-t-il défendu de finir nos revers ?
Nous a-t-il malgré nous condamnés à la vie ?
Et ne peux-tu mourir qu'au sein de l'infamie ?

JEAN CALAS.

Calme ton désespoir, épouse de Calas ;
Il afflige mon cœur, & ne l'ébranle pas :
Pour juger de mon sort, apprends à le connaître ;
Et ne blasphème point le Dieu qui t'a fait naître.
Tu me plains de subir & l'opprobre & la mort !
Eh quoi, n'est-ce donc rien de mourir sans remord ?
Tes regards vainement cherchent la Providence !
Tu ne la trouves pas dans notre conscience ;
Infaillible témoin qui n'est jamais séduit,
Juge qu'en tous les temps la vérité conduit,
Qui soutient dans ses maux la vertu qu'on opprime,
Et jusques sous le dais fait le tourment du crime !
Tu parles d'infamie ! ah, tes sens sont plongés
Dans l'antique cahos de nos vils préjugés !
Mais j'approche du terme où l'on cesse de croire
A ces fantômes vains & de honte & de gloire.
Le Ciel laisse ma vie au pouvoir des humains :
Mon véritable honneur n'est pas entre leurs mains ;
Ce seul bien qui me reste est au fond de mon ame.
Triomphant ou puni, le coupable est infame.
Quand le juste opprimé périt sans défenseur,
La honte doit tomber sur le Juge oppresseur.

E

Aux éternelles lois ne fois donc plus rebelle ;
Pour fortir de la vie, attends que Dieu t'appelle.
Nous avons tous les deux un devoir à remplir ;
Mais le tien eſt de vivre, & le mien de mourir.

MADAME CALAS.

Cruel, quand tu péris, mon devoir eſt de vivre !
Je n'en connais qu'un feul ; c'eſt celui de te fuivre,
De finir un deſtin d'horreur empoifonné,
Et de joindre l'épouſe à l'époux condamné.
Je ne fléchirai point ton courage infenſible :
Ton fupplice s'approche & tu reſtes paiſible !
Eh bien, au lieu fatal je marche fur tes pas ;
Je veux te précéder dans la nuit du trépas :
Tout mon fang...

JEAN CALAS.

   Ecoutez... la fureur vous égare.

MADAME CALAS.

Devant toi, fous tes yeux...

JEAN CALAS.

    Y penfez-vous, barbare ?
Déjà fur votre cœur je n'ai donc plus de droits !
Accourez mes enfans, reconnaiſſez ma voix.

SCÈNE V.

JEAN CALAS, MADAME CALAS, LOUIS CALAS, PIERRE CALAS.

Madame Calas.

Je verrai leur misère & leur ignominie :
Ce spectacle peut-il me faire aimer la vie ?
La mort est préférable, & je puis la souffrir.

Jean Calas.

Vous voyez ces enfans, & vous voulez mourir !

Louis et Pierre Calas.

Ma mère !

Madame Calas.

Infortunés, vous perdez votre père !

Jean Calas.

Oserez-vous encor leur enlever leur mère ?

Madame Calas.

C'en est trop : prends pitié de mes sens déchirés.

Jean Calas.

Vivez pour eux, vivez pour des devoirs sacrés;
Des injustes mortels sachez vaincre la rage;

Vous désirez la mort : montrez plus de courage.
Le temps vole, & demain vous n'aurez plus d'époux :
Vous serez mère encor ; vos jours sont-ils à vous ?
Vivez ; ne trompez point le vœu de la Nature :
Je ne vous dirai point que je vous en conjure ;
Mais je l'exige au nom du plus tendre lien ;
Je vous l'ordonne en père, en époux, en Chrétien.

SCÈNE VI.

LES MÊMES, L'AMI, LA SERVANTE, LA SALLE.

JEAN CALAS, *à la Salle*.

Venez-vous insulter à mon heure dernière ?
Un Juge en ma prison !

LOUIS CALAS.

C'est notre appui, mon père.

LA SALLE.

Vous insulter ! je viens, vieillard infortuné,
Voir, aimer, révérer un juste condamné.

L'AMI.

Pour tâcher d'adoucir vos Juges sanguinaires,
Sa prière à l'instant s'est jointe à nos prières.

TRAGÉDIE.

Jean Calas.

Que de vos soins touchans mon cœur est pénétré
De tout ce que j'aimai je suis donc entouré.
Ah ! je sens malgré moi que mon ame attendrie,
Par des liens si chers se ratache à la vie.

Louis Calas.

Qu'on tarisse le sang des malheureux Calas ;
Qu'auprès de vous, mon père, on nous mène au trépas.

Jean Calas.

Arrêtez. Je n'ai pu soutenir sans alarmes
L'aspect de mes amis, de ma famille en larmes ;
Les regrets s'emparaient de mes sens éperdus ;
C'est un moment de trouble, & ce moment n'est plus.
Venez, ne craignez point de nouvelle faiblesse ;
Serrez-moi dans vos bras, objets de ma tendresse :
A l'approche du coup qui va vous accabler,
C'est à moi de vous plaindre & de vous consoler.

La Salle.

La vertu donne à l'homme un courage sublime.

Jean Calas.

Pénétrez bien vos cœurs de l'espoir qui m'anime.
L'injustice ici bas commande à notre sort,
Durant ces courts instans que termine la mort ;
Mais je vais dans un monde où l'équité préside,
Où dans le sein de Dieu l'éternité réside.
Vous, sur ce globe impie encore abandonnés,
Vous en qui je dois vivre, & qui m'environnez,

Epouse, enfans, amis, si le sort vous rassemble;
Vous pourrez quelquefois me regretter ensemble:
Et, quand des pleurs amers couleront de vos yeux,
Vous sécherez ces pleurs en regardant les Cieux.

PIERRE CALAS.

Que n'avons-nous rejoint notre malheureux frère !

JEAN CALAS.

Non ; vivez, & venez embrasser votre père.
Je ne veillerai plus sur vos tristes destins :
Vous ne pouvez compter sur l'appui des humains ;
Mais je vous recommande au Dieu de nos ancêtres,
Au Dieu qu'ont immolé des Juges & des Prêtres.

LA SALLE.

Tant que j'existerai je veillerai sur eux :
Ah ! je suis leur ami, puisqu'ils sont malheureux ;
Je suis l'un de vos fils, inconsolable mère ;
Vos malheurs sont les miens ; je deviendrai leur frère.
Si je n'ai pu sauver les jours de votre époux,
Du moins tout mon crédit, tous mes biens sont à vous.

JEAN CALAS.

Juge équitable & bon, recevez mon hommage:
De la Divinité je vois en vous l'image.

Présentant la Servante à la Salle.

Cependant j'ose encor, soutien des malheureux,
Rappeler cette femme à vos soins généreux :

Je meurs ; je l'abandonne & ne puis rien pour elle.

LA SALLE.

Tout ce qui vous fut cher doit compter fur mon zèle.

LA SERVANTE.

O mon vertueux Maître, épargnez ma douleur :
Je vous connais, je fais quel eft votre bon cœur :
Dans le fond du cercueil je vais bientôt vous fuivre ;
Mais enfin, fi je puis un moment vous furvivre,
Votre époufe & vos fils ne me renverront pas :
Jufqu'au dernier foupir je m'attache à leurs pas.
Je me garderai bien de leur être importune ;
J'allégerai pour eux le poids de l'infortune :
J'ai fervi les Calas dans leur profpérité,
Et je les fervirai dans leur adverfité.

JEAN CALAS.

Eh bien, refte auprès d'eux.

LA SERVANTE.

     C'eft là ma récompenfe.

JEAN CALAS.

Et toi dont la douleur s'accroît par le filence,
Veille fur nos enfans ; qu'ils foient dignes de toi,
Auffi peu criminels, mais plus heureux que moi.
Prenant fes deux fils par la main.
Chériffez, confolez, écoutez votre mère ;
Rappelez-vous l'exemple & les leçons d'un père.

Ne craignez point pour vous un fâcheux souvenir :
La raison d'aujourd'hui, semant pour l'avenir,
Versant de tous côtés sa lumière féconde,
Vaincra les préjugés, ces vieux tyrans du monde ;
Et le fils vertueux d'un père criminel
Ne recueillera plus l'opprobre paternel.
Quant à moi, chez les morts je suis prêt à descendre ;
Mais le temps à la honte arrachera ma cendre :
Les défenseurs du Peuple & de l'humanité,
Iront dans mon tombeau chercher la vérité.
Leurs fidèles récits sçauront à la mémoire
Tracer de Jean Calas la malheureuse histoire ;
Afin que les mortels qui font parler la loi,
Soient frappés à mon nom d'un salutaire effroi.

SCÈNE VII.

LES MÊMES, LE GEOLIER.

LE GEOLIER.

Bon vieillard !...

JEAN CALAS.

Approchez & parlez sans rien craindre.
Si je vais à la mort, je ne suis point à plaindre.

LE GEOLIER.

Pour avoir votre aveu, les Ministres des lois
Vont vous interroger une dernière fois.

TRAGÉDIE.

JEAN CALAS.

Au Tribunal humain faut-il encore paraître !

LA SERVANTE.

Permettez que je meure aux genoux de mon Maître.

MADAME CALAS.

Nous, tombons à ses pieds; nous y périrons tous.
Tous les Personnages se jettent aux pieds de Jean Calas.

JEAN CALAS.

Ma femme, mes enfans, mes amis, levez-vous.
Adieu. N'abusez point de ce moment terrible ;
Qu'il soit attendrissant, qu'il ne soit point horrible ;
Ne livrez point vos cœurs à ce vain désespoir :
Peut-être avant ma mort nous pourrons nous revoir.

LA SALLE.

Enfans, tristes enfans du plus vertueux père,
Au sein de ma maison conduisez votre mère.
Je vous quitte un moment, & c'est pour vous servir.

MADAME CALAS.

O Ciel! de ma douleur ne pourrai-je mourir ?

Fin du quatrième Acte.

ACTE V.

La Scène est dans la place publique où s'est passé le premier Acte.

SCÈNE PREMIÈRE.

MADAME CALAS, LOUIS, CALAS, PIERRE CALAS, L'AMI, LA SERVANTE.

Madame Calas.

Je n'irai pas plus loin, l'effort m'est impossible.
Je pourrai supporter d'un regard insensible
Les yeux des Citoyens, la honte & le trépas.
Le reverrai-je encor ? je ne l'espère pas.
O vous qui partagez le chagrin qui me tue,
Soutenez, mes enfans, votre mère éperdue !

La Servante.

Près de cette maison vous pouvez vous asseoir,
Là, sur ce banc de pierre.

Madame Calas.

Ah, je veux le revoir.

TRAGÉDIE.

L'AMI.

Les maux qu'elle a soufferts ont accablé son ame.

MADAME CALAS.

Ils finiront.

SCÈNE II.

LES MÊMES, LA SALLE.

LA SALLE.

Je vole auprès de vous, Madame.

MADAME CALAS.

Pardonnez ; de ces lieux je n'ai pu m'arracher !

LA SALLE.

Je n'ai songé qu'à vous, & je viens vous chercher.
Tout vous offre en ces lieux une accablante image :
Avec votre malheur redoublez de courage ;
Au fond de votre cœur rassemblez vos vertus.

MADAME CALAS.

Rien ne rendra le calme à mes sens abattus.

LA SALLE.

Daignez m'entendre au moins.

MADAME CALAS.

     Que reste-t-il à faire?

LA SALLE.

Recevez un conseil que je crois salutaire.

MADAME CALAS.

Et quel est-il ?

LA SALLE.

Fuyez.

MADAME CALAS.

Mon époux malheureux..

LA SALLE.

Fuyez, ne tardez point, quittez ces murs affreux :
Tout le Peuple applaudit à cet arrêt impie.

MADAME CALAS.

Mon époux !

LA SALLE.

C'en est fait : il va quitter la vie.

MADAME CALAS.

J'ai tout perdu.

LA SALLE.

L'honneur, l'honneur n'est pas perdu.

MADAME CALAS.

Comment !

LA SALLE.

A sa mémoire il peut être rendu.

TRAGÉDIE.

MADAME CALAS.

Voilà donc aujourd'hui tout l'espoir qui me reste !
Cet avenir pour moi n'a rien que de funeste :
Et, mes filles, grand Dieu !

LA SALLE.

      Pourront suivre vos pas.
Je viens d'en obtenir l'ordre des Magistrats.
Dans le Cloître sacré vos filles vous attendent ;
Pour s'unir à vos pleurs leurs sanglots vous demandent.

MADAME CALAS.

Et dans quels lieux traîner mes misérables jours ?
Faudra t-il des humains implorer les secours ?
Non, tout ce qui respire est injuste & barbare.

LA SALLE.

Madame !

MADAME CALAS.

  Pardonnez, le désespoir m'égare.
Où trouverai-je, hélas ! des humains tels que vous ?

LA SALLE.

Ecoutez mes conseils.

MADAME CALAS.

     Oui, je les suivrai tous :
Je le veux, je le dois : mais plaignez ma misère ;
L'infortune m'accable, & ma raison s'altère.

LA SALLE.

De foulager vos maux j'ai cherché les moyens :
Ce jugement affreux, la perte de vos biens,
D'un plus doux avenir la lointaine efpérance,
Auront autour de vous glacé la confiance.

MADAME CALAS.

Oui : tels font les amis.

LA SALLE.

J'ofe attendre de vous,
J'ofe vous fupplier, Madame, à vos genoux...

MADAME CALAS.

Ciel !

LA SALLE, *lui offrant une bourfe pleine d'or.*

Daignez accepter...

MADAME CALAS.

Homme fimple & fublime,
Dont j'admire en pleurant la pitié magnanime,
Je n'ai befoin de rien.

LA SALLE.

Comment ?

MADAME CALAS.

Je fais fouffrir.

LA SALLE.

Vous dédaignez l'appui que je viens vous offrir !

TRAGEDIE.

Ce métal inutile aux mains de l'avarice,
Prodigué dans les Cours par les mains du caprice,
Trop souvent des forfaits l'instrument abhorré,
Quand il sert la vertu, devient pur & sacré.

MADAME CALAS.

Héros de la justice & de la bienfaisance,
Qui vous rendra cet or ?

LA SALLE.

   Le Ciel, ma conscience.

MADAME CALAS, *recevant la bourse.*

Mon cœur est entraîné ; non, je n'aurai jamais
L'orgueil de repousser vos généreux bienfaits :
Non, je vous rends justice, & rien ne m'humilie;
Je vous devrai l'honneur, je vous devrai la vie.
Mais où courir enfin ? Dans les murs de Paris,
D'une mère aux abois faire entendre les cris !
Raconter mes douleurs, montrer mon infortune !
Hélas ! aux gens heureux la plainte est importune.
Vous le savez, un cœur qui n'a jamais souffert,
Aux cris des opprimés est rarement ouvert :
Le faste corrompt l'ame & la rend insensible.
Irai-je supplier un Ministre inflexible,
Courber dans les Palais mon front humilié,
Et mendier des grands l'insolente pitié ?

LA SALLE.

Je connais un soutien plus sûr, plus honorable,
Plus auguste.

JEAN CALAS;

MADAME CALAS.

Et quel est ce mortel secourable ?
Quel est ce Protecteur qu'il nous faut révérer ?

LA SALLE.

Sans honte & sans frayeur vous pourrez l'implorer.

MADAME CALAS.

Expliquez-vous.

LA SALLE.

Il est près des monts Helvétiques,
Un illustre vieillard, fléau des fanatiques;
Ami du genre humain, depuis cinquante hivers,
Ses sublimes travaux ont instruit l'Univers :
A ses contemporains prêchant la tolérance,
Ses écrits sont toujours des bienfaits pour la France.
La gloire, ce durable & précieux trésor,
La gloire, & la vertu plus précieuse encor,
Couronnent à la fois le déclin de sa vie,
Et de leur double éclat importunent l'envie.

MADAME CALAS.

Mais quels droits aurons-nous ?

LA SALLE.

La vertu, le malheur:
Tous les infortunés ont des droits sur son cœur.
Courez vous prosterner aux genoux de Voltaire:
Vous serez accueillis sous son toit solitaire;
Il vous tendra les bras; ses yeux dans cet écrit
Liront de vos revers un fidèle récit.

MADAME

TRAGÉDIE.

MADAME CALAS.
Il nous protégera contre la tyrannie!
LA SALLE.
De ce devoir sacré j'ai sommé son génie.
Sous de nombreux Tyrans le monde est abattu;
Mais, un sage, un grand homme, ami de la vertu,
Faisant aux préjugés une immortelle guerre,
Fut créé pour instruire & consoler la terre.
MADAME CALAS.
Que ne puis-je à l'instant me jeter à ses pieds!
LA SALLE.
Que ne puis-je vous suivre aux lieux où vous fuyez;
Loin de ces murs sanglans y chercher un asile!
Mais ici mon séjour vous sera plus utile,
Pour calmer des esprits tourmentés par l'erreur,
Et dont la piété ressemble à la fureur.
LOUIS CALAS.
O, ma mère, embrassons la dernière espérance.
MADAME CALAS.
Nous allons traverser les Cités de la France,
Et rencontrer par-tout des mortels curieux,
Qui verront notre honte écrite dans nos yeux.
LA SALLE.
Ils y verront aussi votre innocence écrite.

F

JEAN CALAS,

MADAME CALAS.

La voilà, diront-ils, la famille proscrite :
La pitié se taira dans le fond de leurs cœurs ;
Ils oseront peut-être insulter à nos pleurs.
Mais, que dis-je ? Non loin de la rive chérie
Où nous courons chercher une ombre de patrie,
Habite notre fils, dernier fruit de l'amour,
Ce fils, depuis six mois absent de ce séjour.
Quand il verra couler les larmes de sa mère,
Il l'interrogera sur son malheureux père ;
Et sa mère expirante, avec de longs sanglots,
Dira : « Ton père est mort sous la main des bourreaux ».

LA SALLE.

Dieu cher aux tolérans, haï des fanatiques,
Dieu de tous les humains, non des seuls Catholiques,
Tandis que tu reçois l'encens de l'Univers,
Devant toi rassemblé sous des cultes divers,
Tu vois ces opprimés : unis pour leur défense,
Tes dons les plus parfaits, la gloire & l'éloquence
Fais d'un injuste arrêt triompher l'équité,
Et que l'humaine erreur cède à la vérité.

TRAGÉDIE.

SCÈNE III.

LES MÊMES, JEAN CALAS, LE RELIGIEUX, LE PEUPLE, SOLDATS.

LOUIS CALAS.

Que vois-je ? On vient à nous. Mon vénérable père !

MADAME CALAS.

Ciel ! anéantis-moi.

JEAN CALAS, *à ses enfans.*

Secourez votre mère.
Prenez soin de ses jours ; ne songez point à moi.

SCÈNE IV.

LES MÊMES, CLÉRAC.

CLÉRAC.

Il n'a rien avoué ! mais c'est lui que je vois.
A Jean Calas.
Parlez.

JEAN CALAS.

Que voulez-vous ?

Fin

CLÉRAC.

      Je viens, je veux entendre
L'aveu, la vérité que j'ai droit de prétendre.

JEAN CALAS.

La vérité n'est pas ce que vous espérez.

CLÉRAC.

Vos complices encor ne sont pas déclarés.

JEAN CALAS.

N'étant point criminel, je n'ai point de complices.

CLÉRAC.

Le Ciel vous punirait par d'éternels supplices.
Avouez tout.

JEAN CALAS.

    Je sens que de pareils aveux
Flatteraient votre oreille & combleraient vos vœux :
Je deviendrais coupable ; & ce mensonge impie
Flétrirait justement le terme de ma vie.

CLÉRAC.

Quoi, sans remords, cruel, au moment de la mort !

JEAN CALAS.

Vous m'appelez cruel, vous parlez de remord !

CLÉRAC.

A l'endurcissement votre cœur s'abandonne !

TRAGÉDIE.

JEAN CALAS.

Je vous pardonne tout ; que le Ciel vous pardonne!
Vous, Peuple dont l'erreur me conduit au trépas,
Adieu ; peut-être un jour vous pleurerez Calas.
Adieu, ville natale ; adieu, chère patrie,
Où j'ai vu s'écouler le songe de la vie.
Le temps fuit ; Dieu m'appelle ; & mon cœur transporté
S'arrête avec respect devant l'Eternité.
Fort de mon innocence, il me reste un refuge ;
Jean Calas est absous par l'infaillible Juge.
J'ai vécu, j'ai souffert ; il faut encor souffrir !
On entend la cloche.
Ma femme, mes enfans, adieu ; je vais mourir.
Jean Calas est suivi d'une grande partie du Peuple qui revient avec le Religieux.

SCÈNE V.

MADAME CALAS, LES DEUX FILS DE JEAN CALAS, L'AMI, LA SERVANTE, CLÉRAC, LA SALLE, LE PEUPLE, SOLDATS.

MADAME CALAS, *revenant à elle, mais égarée par la douleur.*

OU suis-je ? Dans quels lieux revois-je la lumière ?
Quel funèbre nuage a couvert ma paupière ?
Quel objet, quel spectacle à mes sens retracé...
Je cherche vainement ; c'est un songe effacé.

Un songe ! & cependant mon ame consternée.
Eh quoi ! de mes enfans je suis environnée
Quel est donc, mes enfans, le sujet de vos pleurs?

LA SALLE.

Ses sens sont égarés.

PIERRE CALAS.

Nous pleurons vos malheurs.

MADAME CALAS.

Je ne vous comprends pas. Je suis donc malheureuse !
Oui ; d'un profond chagrin l'image douloureuse
Revient en traits confus s'offrir à mes esprits.
Je vois... Je me souviens... Le premier de mes fils...
C'était pendant la nuit... Un cachot solitaire...
Des Juges... un arrêt... Où donc est votre père ?
Où donc est mon époux ? J'ai besoin de le voir.
Vous ne répondez point ! pourquoi ce désespoir ?
Quel désastre imprévu faut-il que je redoute ?
Nos yeux, dans un moment le reverront sans doute.

LES DEUX FILS DE JEAN CALAS, L'AMI, LA SERVANTE.

Jamais.

MADAME CALAS.

Comment ! jamais !

CLÉRAC.

S'il était innocent !

Ciel ! j'étais convaincu ; je doute maintenant.

LA SALLE.

Ah ! vous doutez bien tard.

CLÉRAC.

Le Pontife s'avance;
Et je vais à mon tour entendre ma sentence.

SCÈNE VI.

LES MÊMES, LE RELIGIEUX, SOLDATS.

LE RELIGIEUX.

Pleurez tous & prenez les vêtemens du deuil,
Un juste est descendu dans l'ombre du cercueil.

CLÉRAC.

Un juste! lui?

LE RELIGIEUX.

J'ai vu périr votre victime.

CLÉRAC.

Jusqu'au dernier moment il a nié son crime?

LE RELIGIEUX.

Avec tant de vertu puissé-je un jour mourir!

LA SALLE, à *Clérac.*

Ses tourmens sont finis; commencez à souffrir.

LE RELIGIEUX.

Il sortait de ces lieux suivi d'un Peuple immense;
Tout gardait à l'entour un lugubre silence.

D'un pas ferme & tranquille il marchait près de moi :
Sans orgueil, sans colère, ainsi que sans effroi,
Ce vieillard achevant sa dernière journée,
Présentait aux regards de la foule étonnée,
Au lieu d'un front courbé sous le poids du remord,
Le front d'un innocent que l'on mène à la mort.
Il reconnaît de loin les apprêts d'un supplice
Que le crime peut même accuser d'injustice ;
Il se trouble, il s'arrête, il détourne les yeux :
Puis levant tout-à-coup ses regards vers les Cieux,
Tous ses traits ont brillé de ce grand caractère
D'un mortel détrompé des erreurs de la terre,
Et qui par les humains déclaré criminel,
Va se justifier aux pieds de l'Eternel.
Je ne vous peindrai point sa mort lente & terrible,
De l'art des meurtriers raffinement horrible,
Industrieux tourment par la rage inventé,
L'opprobre de nos lois & de l'humanité.
Mais ses derniers discours, ses dernières pensées
Jamais de mon esprit ne seront effacées ;
Poussé d'un mouvement peut-être un peu cruel,
J'ose lui demander s'il n'est point criminel :
J'offre à ses yeux mourans un Dieu plein de clémence,
Pour qui le repentir est encor l'innocence.
Sa réponse a frappé jusqu'au fond de mon cœur :
Vous aussi ! m'a-t-il dit, d'un ton plein de douceur.
J'entends encor sa voix pénible & déchirante,
Et ces mots qui tombaient de sa bouche mourante.
A ce seul souvenir vous me voyez pleurer :
Hélas ! j'ai vu bientôt le vieillard expirer,

TRAGÉDIE.

Pour fa femme & fes fils priant la Providence,
Plaignant les Magiftrats & l'humaine prudence,
Leur pardonnant encore à fes derniers foupirs:
C'eft ainfi qu'autrefois périffaient nos martyrs.

CLÉRAC.

Il n'a rien avoué !

LOUIS CALAS.

Rien, Juge facrilège.

CLÉRAC.

A part.

Ah ! je ne puis cacher le trouble qui m'affiège !
Haut.
Songez que mon devoir, la juftice, la loi...

MADAME CALAS.

Songez que vous parlez devant le Ciel & moi.
Quand vous avez traîné l'innocence au fupplice,
Vous ofez prononcer le nom de la juftice !
Frémiffez bien plutôt à ce terrible nom :
L'excès de mon malheur m'a rendu la raifon.
Rangez-vous, mes enfans, auprès de votre mère;
Quittez ces lieux fouillés du maffacre d'un père;
Et vous, Prêtres cruels, Magiftrats odieux,
D'une époufe en fureur entendez les adieux.
Un jour viendra, fans doute, où las de tant de crimes,
Le Ciel doit fatisfaire aux cris de vos victimes.
On ne vous verra plus entouré de bourreaux
Dominer fur la France au milieu des tombeaux;

Sur vos fronts orgueilleux les foudres vont defcendre;
Du malheureux Calas ils vengeront la cendre;
Son nom fera facré ; vos noms feront flétris,
Et je mourrai contente en voyant vos débris.

SCÈNE VII.

CLÉRAC, LA SALLE, LE RELIGIEUX, LE PEUPLE, SOLDATS.

CLÉRAC.

Il n'a rien avoué ! longue & ftérile étude !
Nature des mortels ! faibleffe ! incertitude !

Il fort.

SCÈNE VIII.

LA SALLE, LE RELIGIEUX, LE PEUPLE, SOLDATS.

LA SALLE.

Peuple, obfervez-le bien, ce Juge infortuné ;
A d'éternels remords le voilà condamné ;
A fes yeux défillés, le jour commence à luire :
Ce fpectacle terrible eft fait pour vous inftruire.
Maintenant, Vérité, fais entendre ta voix
Contre un affaffinat commis au nom des loix.

Que cette iniquité soit au moins la dernière;
Que la raison tardive apporte sa lumière :
Il est temps; les Français sous le joug écrasés,
Doivent avoir besoin d'être désabusés.
Qu'enfin la liberté succède au despotisme,
La douce tolérance, au sanglant fanatisme;
Une loi juste & sage à ce code insensé
Qu'avec la cruauté l'ignorance a tracé;
Des Juges citoyens, aux Magistrats coupables,
Qui faisaient un métier de juger leurs semblables;
Au vil orgueil des rangs, la fière égalité :
Que tout se renouvelle; & que l'humanité,
Chez le Peuple Français trouve à jamais un temple,
L'infortune un asile, & le monde un exemple.

Fin du cinquième & dernier Acte.

www.ingramcontent.com/pod-product-compliance
Lightning Source LLC
Chambersburg PA
CBHW070308100426
42743CB00011B/2400